J.C.オカザワの

古き良き東京を食べる

今も息づく
名店二百選

晶文社

鮨 すず木

本郷二丁目の商店街に清楚な佇まいを見せる鮨店は、磨きこまれた店内も清潔なこと、この上なし。江戸前鮨を代表するにぎり3カンは右から、まぐろ赤身・小肌・煮穴子。おろし立てのわさびが鼻にツンとくる。(p.121)

満寿家

夜は季節の活魚をずらり取り揃えた高級割烹の顔を持つ。しかして昼どきは、うなぎ一品で勝負する。重箱にキッチリ収まった蒲焼きは、箸を入れるのをためらうほどに照り輝く。(p.44)

多古久

上野仲通りのおでんの名店。あふれるほどに多彩なタネのひしめくおでん鍋を取り仕切るのは大女将。ほかの者は手出し無用。串打ちされた昔ながらのねぎまに、明治の東京が偲ばれる。(p.109)

左々舎

神田明神下は、目明し・銭形平次のお膝元。その中通りに暖簾を掲げている。漂う風情に今にも親分が現れそう。季節の移ろいに合わせて、旬の素材に包丁を振るう。春から夏へは真鯛一品。刺身と桜蒸し、ともに捨てがたし。(p.58)

池之端藪蕎麦

神田・並木と並んで、東京三大藪そばの一翼を担う。昼下がり、ゆるり傾ける菊正のぬる燗に、浮世の憂さもどこへやら。酒のあとには卵白を泡立てた、いそゆきそばで締めるべし。(p.104)

井泉 本店

とんかつ発祥の地・上野でも、古き情緒あふれる老舗中の老舗。昼は１階のカウンター、夜なら２階の座敷に上がる。昭和の匂いの立ち込める空間に、身を置くことの幸せよ。(p.112)

やまじょう

神保町の片隅に、女将独りが切り盛りするおばんざいの佳店ありき。小体な店には老若男女の笑い声が絶えることがない。生ビール片手に、たこと春野菜のマリネで始め、日本酒に切り替えたら、名物の真いわし梅干し煮をぜひ。(p.80)

紅楼夢

時間が止まったような学士会館には、心和むレストランが3店。なかでも本格中華のこの店の居心地は満点。ファンの回る天井の下でいただく本日の「華ランチ」は、小海老チリソースと蒸し鶏に、スープ・ザーサイ・デザート付き。(p.84)

八巻

白山上は地元の人が集まり憩うグルメスポット。この店の焼き鳥も、砂肝・ハツ・手羽先(右から)と、遠方より出向く価値ありの逸品揃い。(p.173)

ペジーブル

黒トリュフをその身いっぱいにまとった仔鳩のロースト内臓添え。シェフの過ごしたシャニーの村が誇るミシュラン三つ星「ラムロワーズ」の思い出を本郷によみがえらせた。大きな楠の下で、その逸品にナイフを入れる。(p.134)

古き良き東京を食べる

掲載店MAP

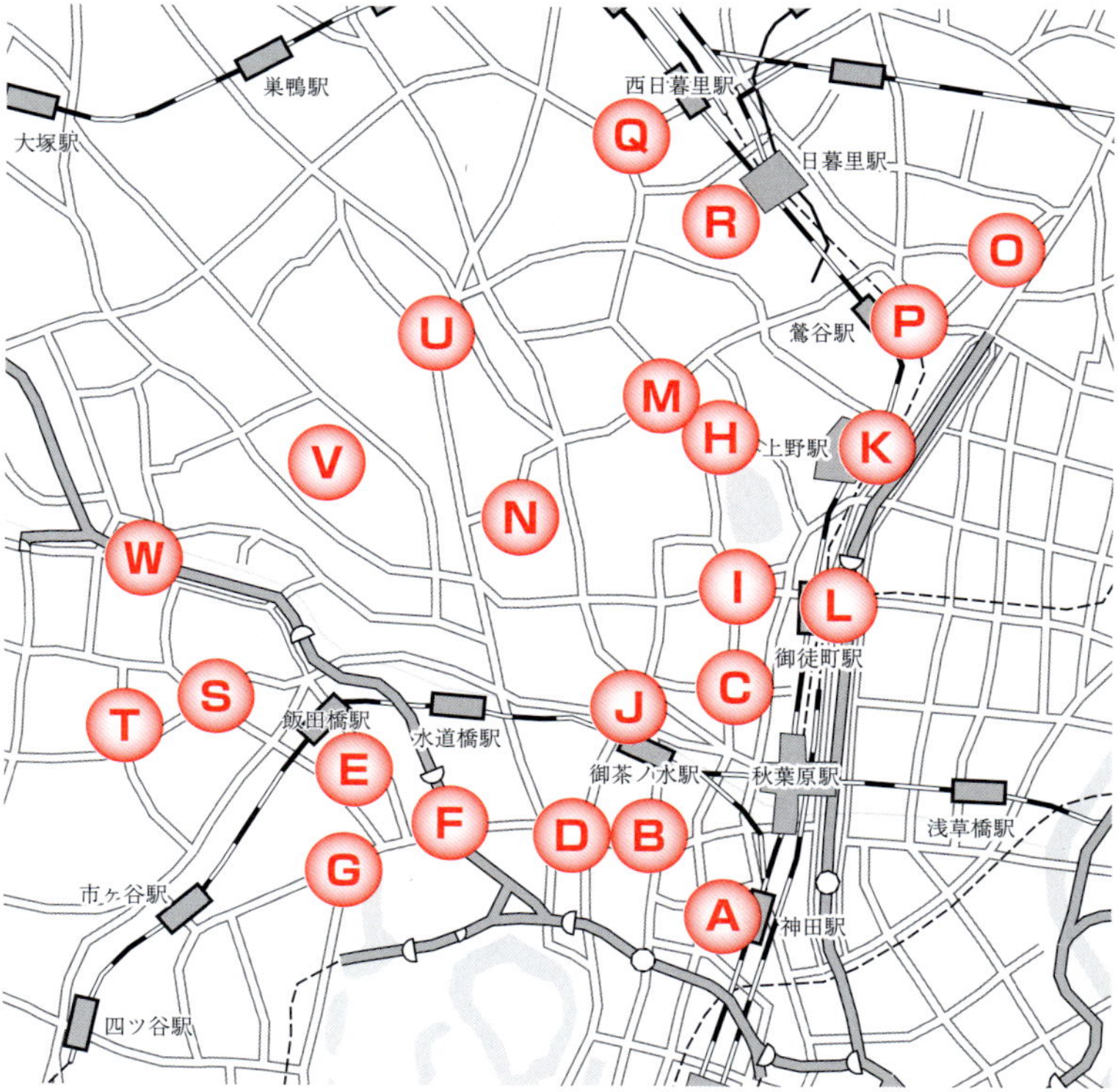

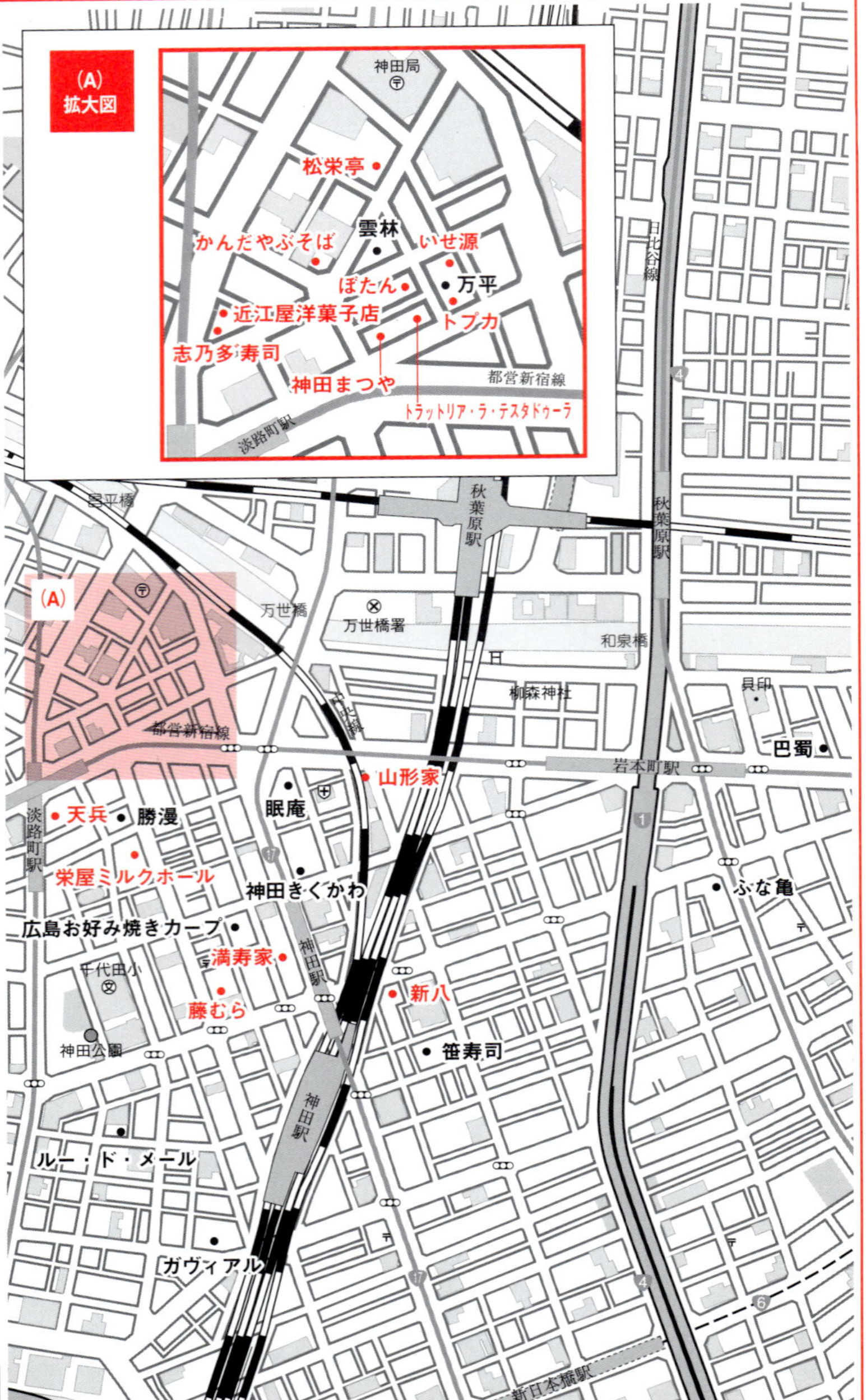
(A)
拡大図
神田局
松栄亭
雲林
かんだやぶそば
いせ源
ぼたん
万平
近江屋洋菓子店
トプカ
志乃多寿司
神田まつや
都営新宿線
トラットリア・ラ・テスタドゥーラ
淡路町駅
昌平橋
秋葉原駅
(A)
万世橋
万世橋署
和泉橋
柳森神社
貝印
日比谷線
都営新宿線
岩本町駅
巴蜀
山形家
天兵
勝漫
眼庵
淡路町駅
栄屋ミルクホール
神田きくかわ
ふな亀
広島お好み焼きカープ
満寿家
千代田小
新八
藤むら
神田駅
神田公園
笹寿司
神田駅
ルー・ド・メール
ガヴィアル
新日本橋駅

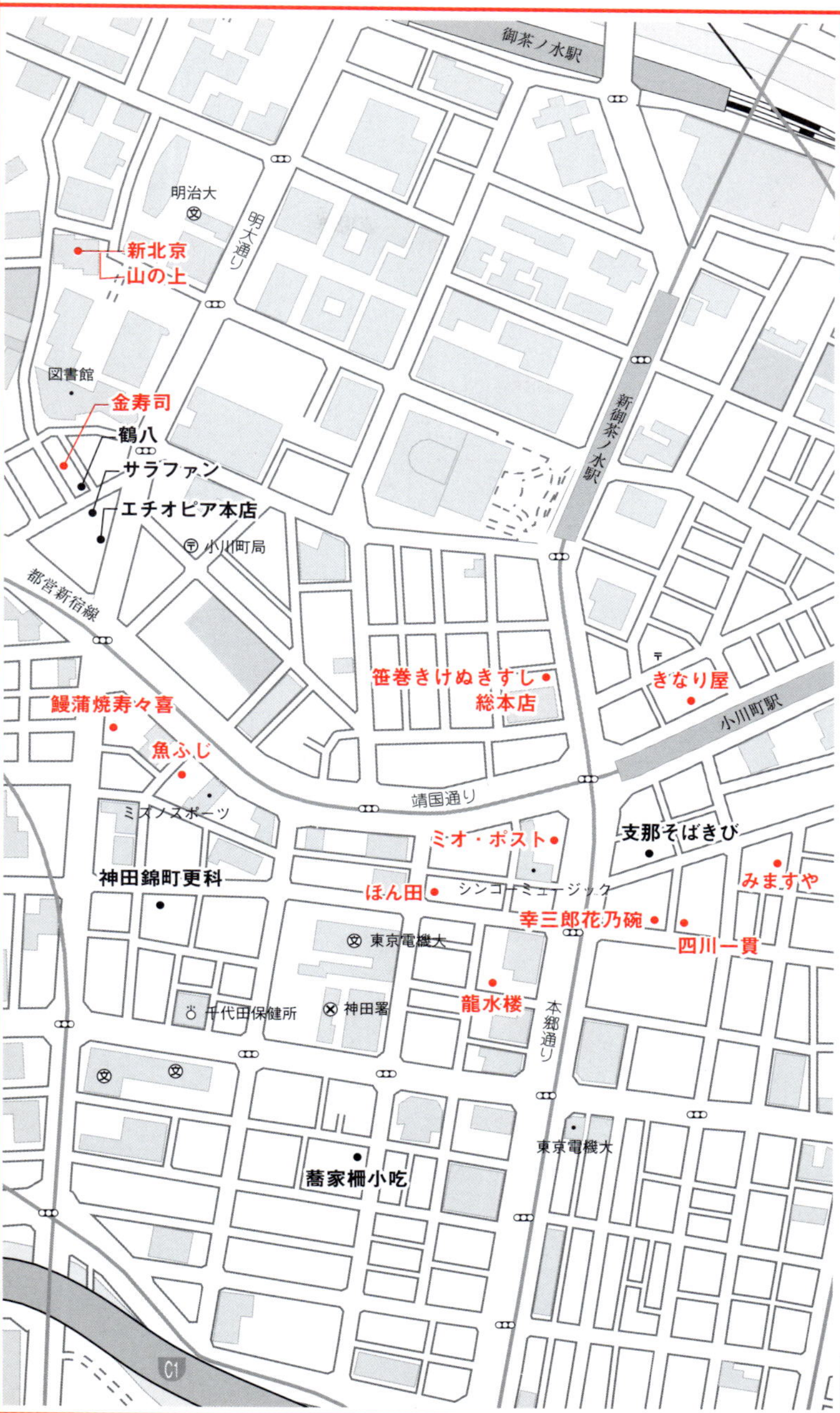
御茶ノ水駅
明治大
明大通り
新北京
山の上
図書館
金寿司
鶴八
サラファン
エチオピア本店
小川町局
都営新宿線
新御茶ノ水駅
笹巻きけぬきすし
総本店
きなり屋
小川町駅
鰻蒲焼寿々喜
魚ふじ
ミズノスポーツ
靖国通り
ミオ・ポスト
支那そばきび
みますや
神田錦町更科
ほん田
シンコーミュージック
幸三郎花乃碗
四川一貫
東京電機大
龍水楼
千代田保健所
神田署
本郷通り
東京電機大
蕎家柵小吃
C1

外神田・秋葉原

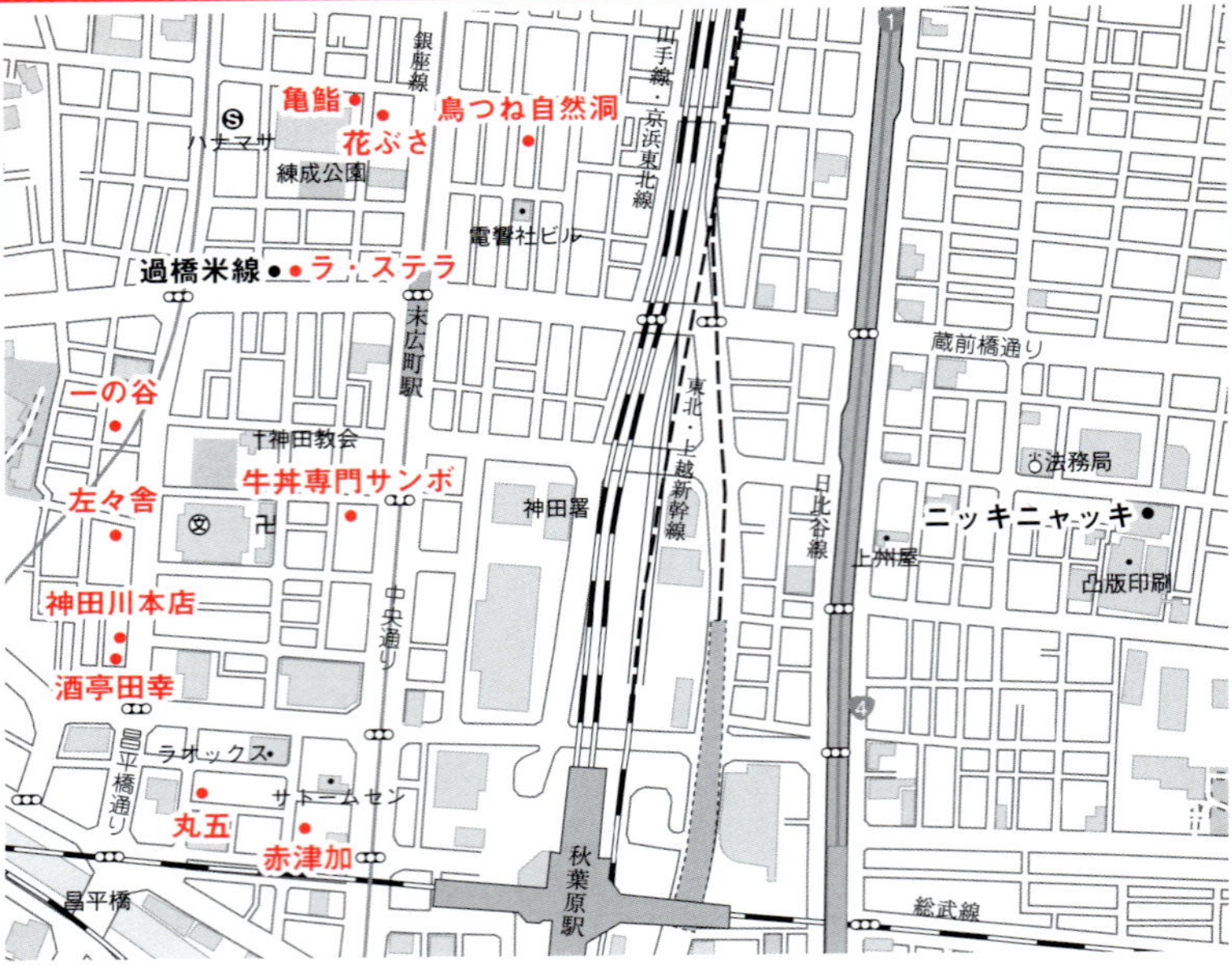

C

神保町・水道橋駅南側

D

飯田橋・富士見・九段①

E

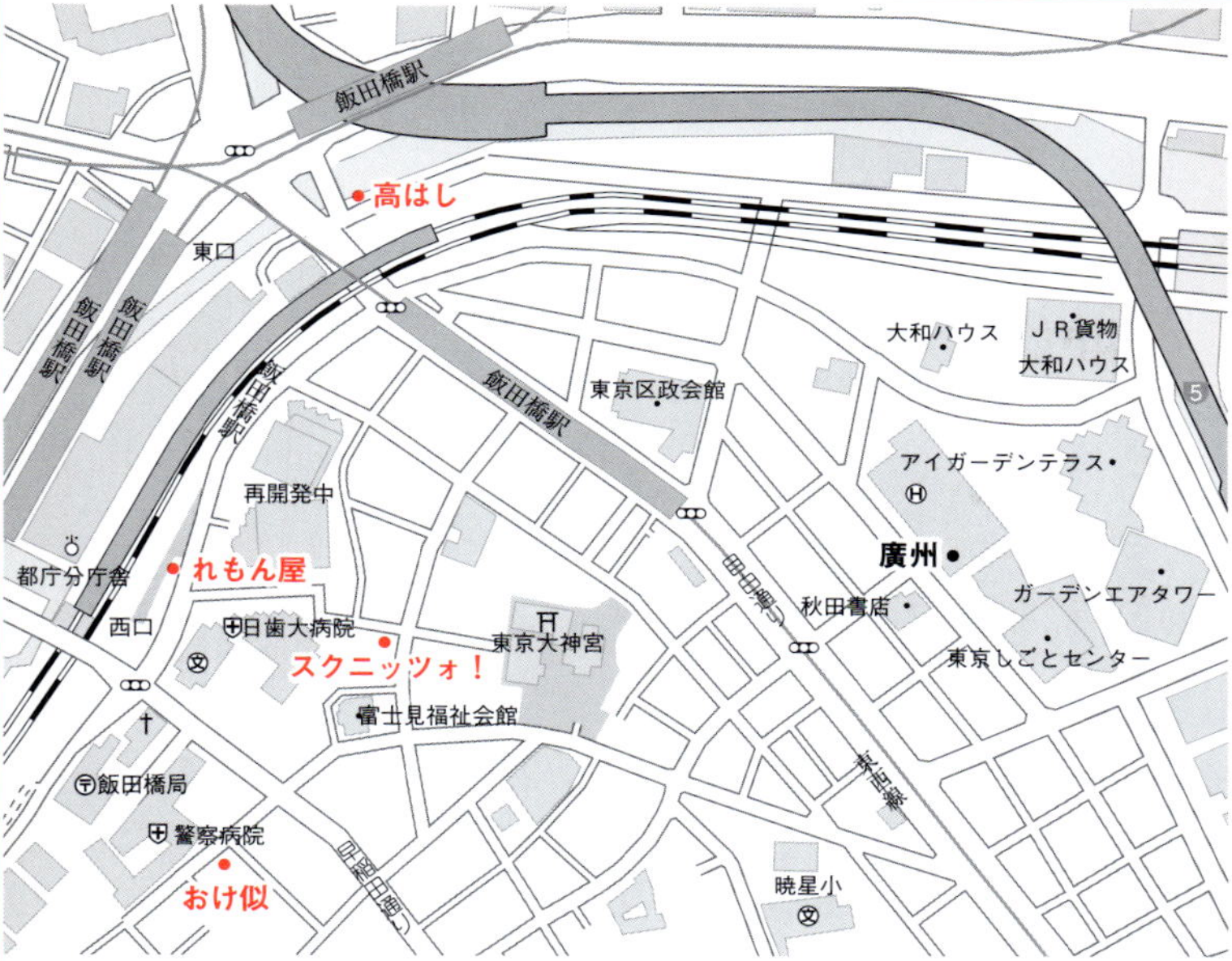

飯田橋・富士見・九段②

F

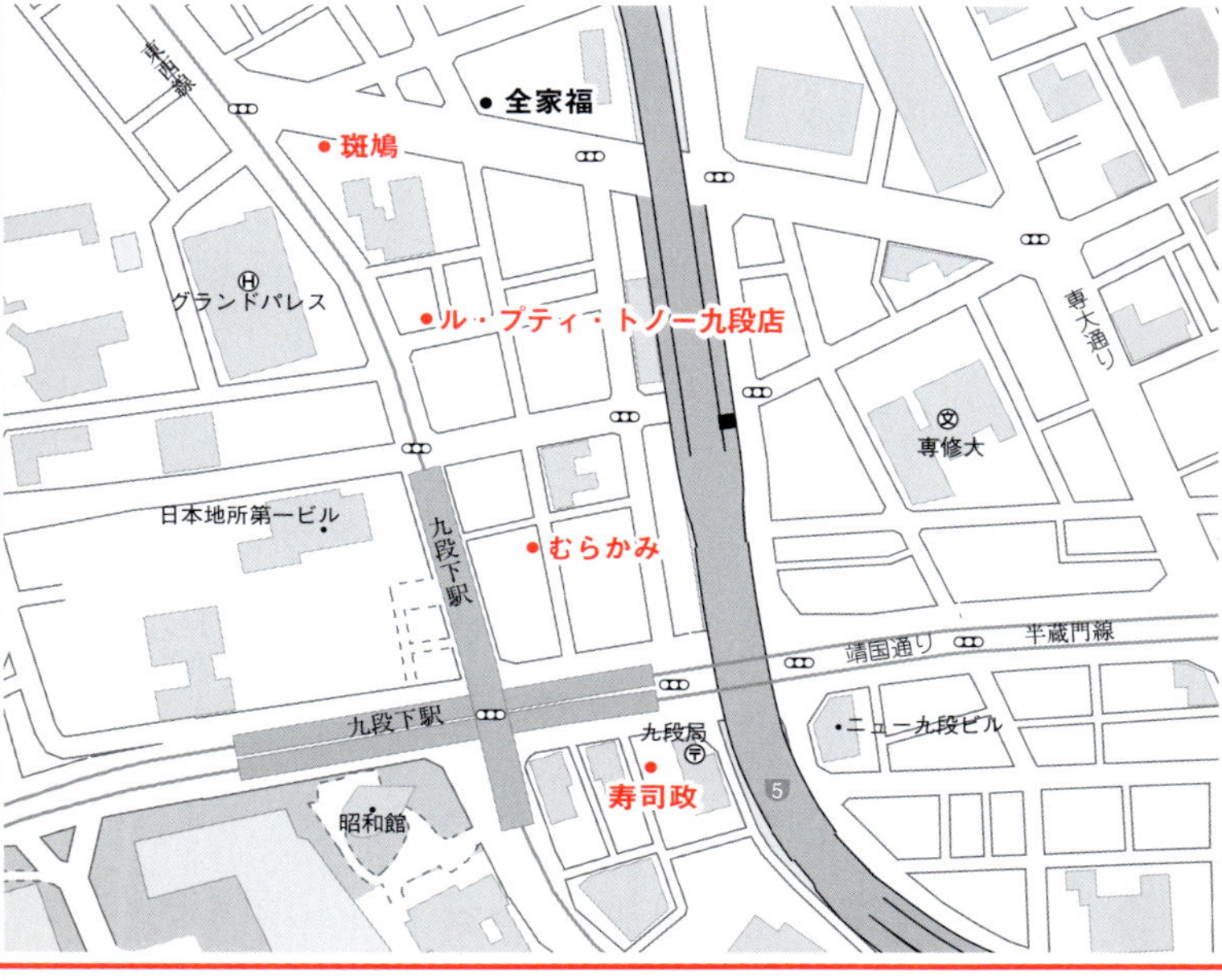

飯田橋・富士見・九段③

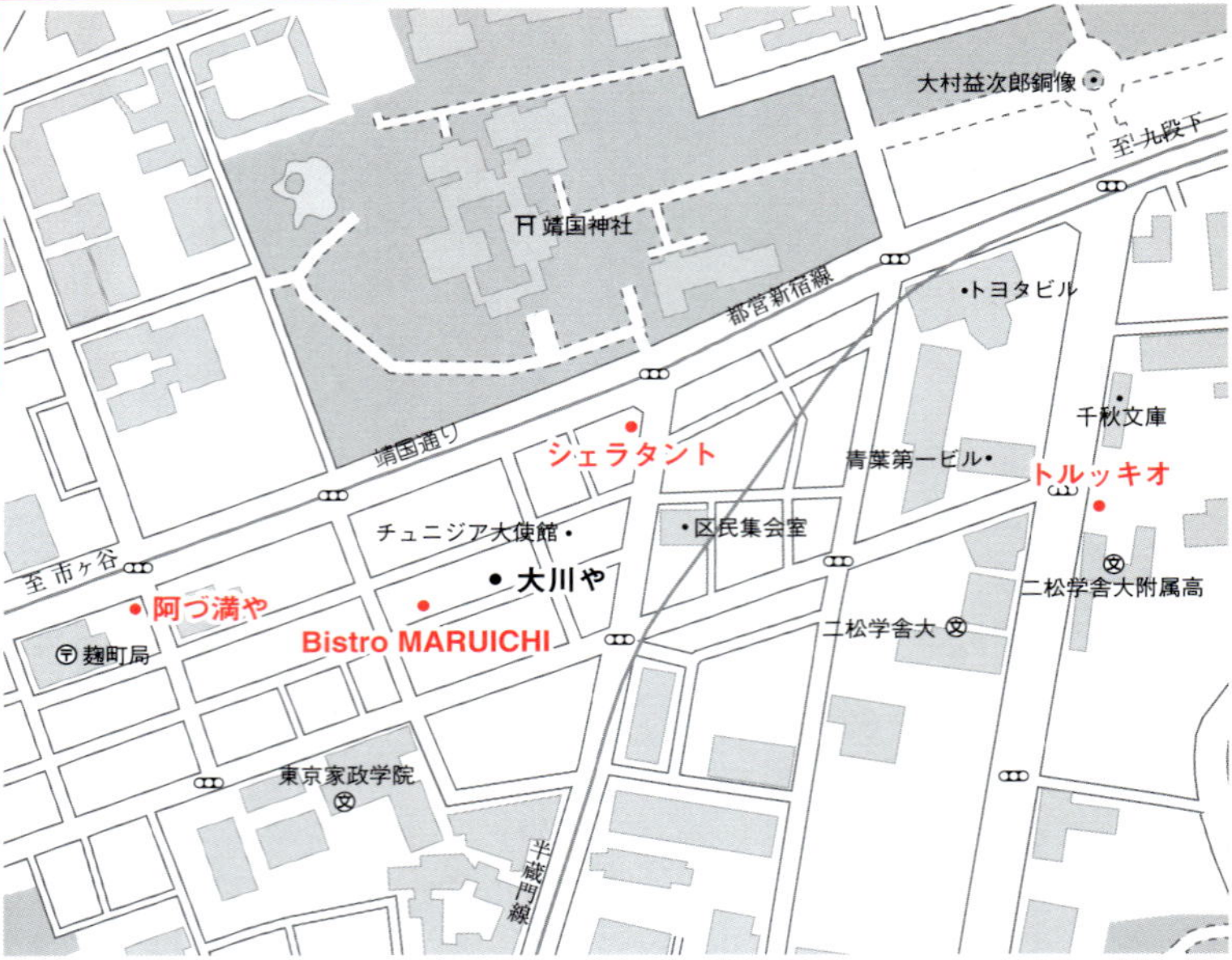

G

湯島・池之端①

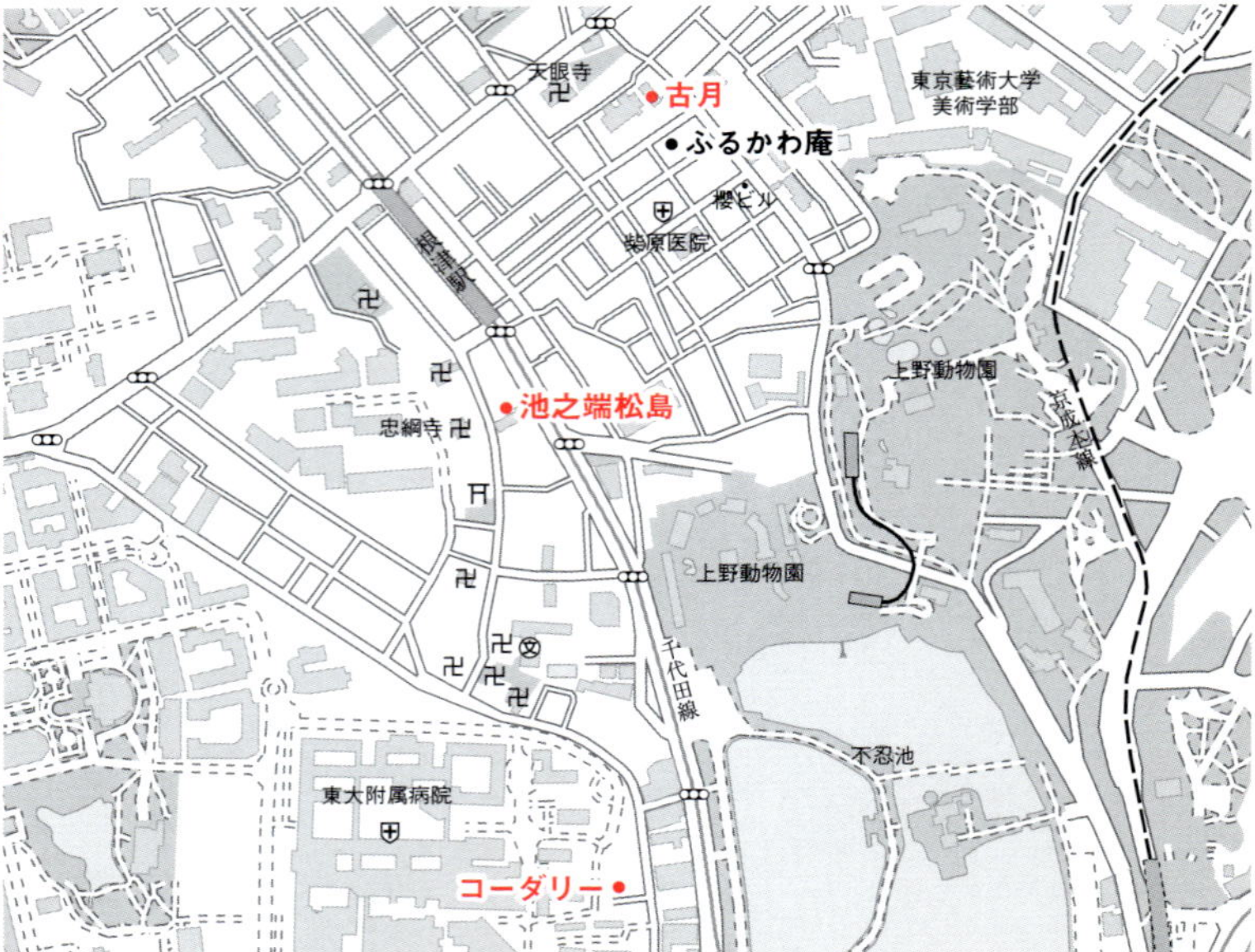

H

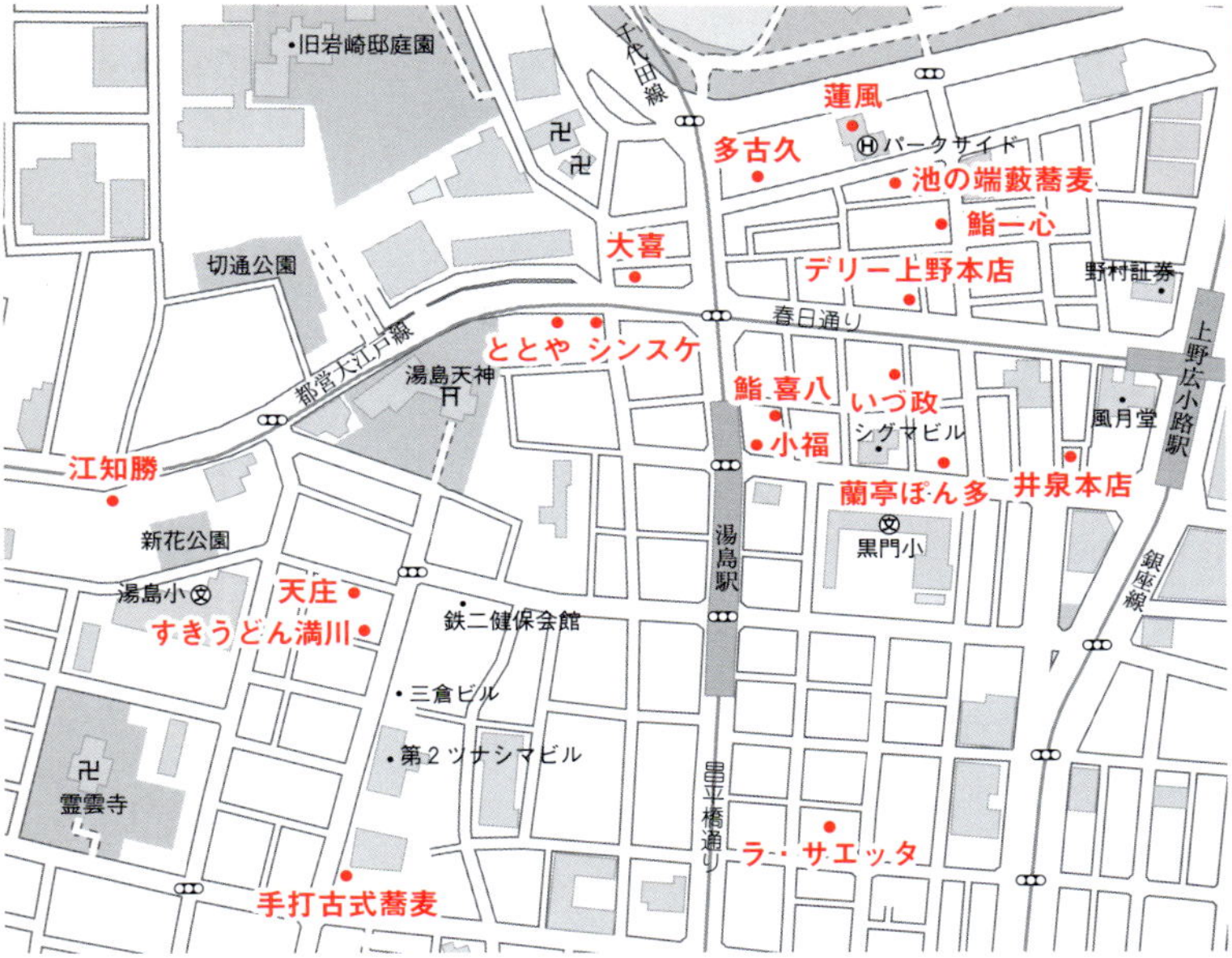
旧岩崎邸庭園
千代田線
蓮風
多古久
パークサイド
池の端藪蕎麦
鮨一心
大喜
切通公園
デリー上野本店
野村証券
春日通り
都営大江戸線
ととや
シンスケ
湯島天神
鮨 喜八
いづ政
上野広小路駅
風月堂
小福
シグマビル
江知勝
蘭亭ぽん多
井泉本店
新花公園
黒門小
湯島駅
銀座線
湯島小
天庄
すきうどん満川
鉄二健保会館
三倉ビル
第２ツナシマビル
霊雲寺
昌平橋通り
ラ・サエッタ
手打古式蕎麦

I

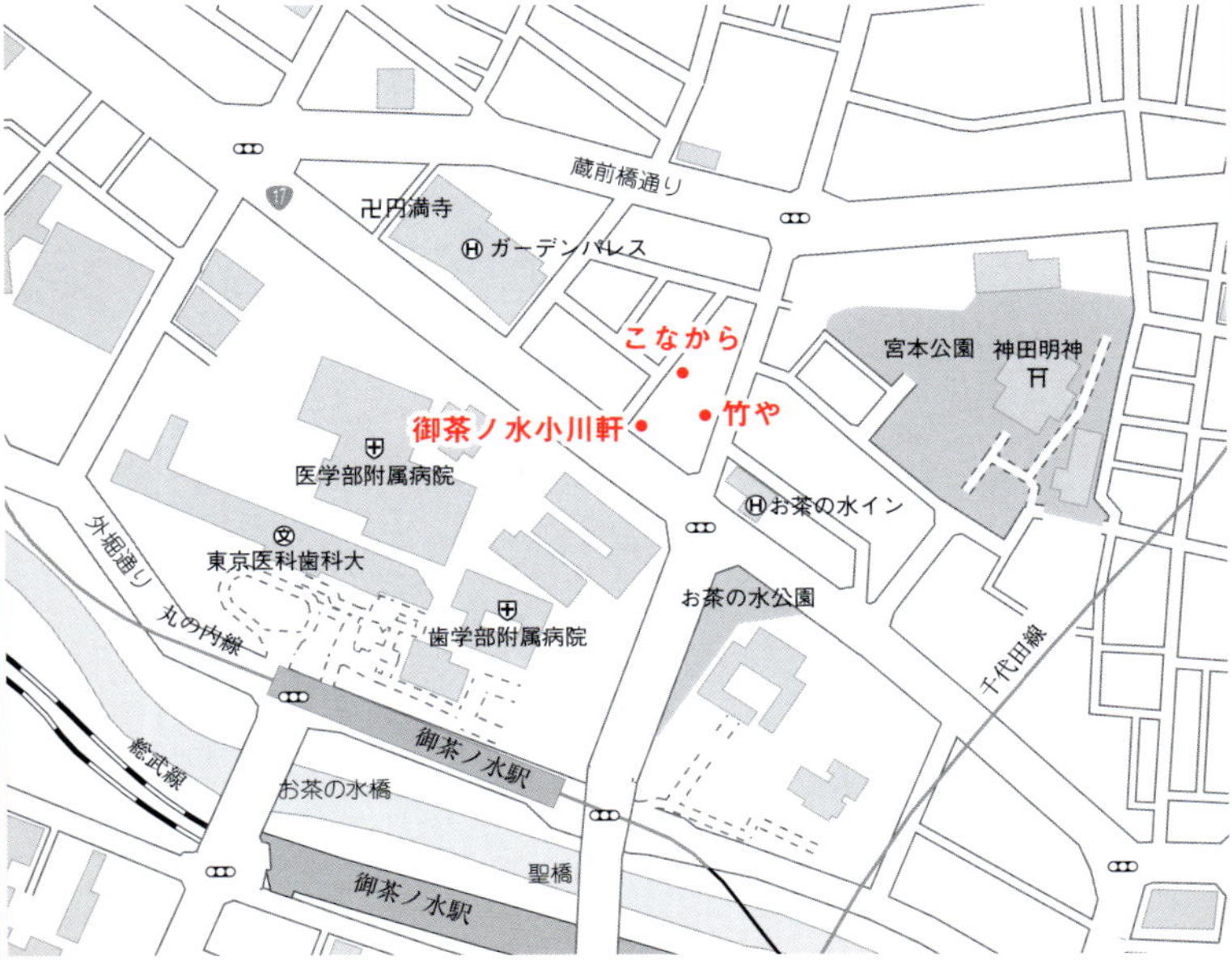
蔵前橋通り
17
円満寺
ガーデンパレス
こなから
宮本公園
神田明神
竹や
御茶ノ水小川軒
医学部附属病院
お茶の水イン
外堀通り
東京医科歯科大
お茶の水公園
丸の内線
歯学部附属病院
千代田線
総武線
御茶ノ水駅
お茶の水橋
聖橋
御茶ノ水駅

J

御徒町・台東・上野駅東&西側①

K

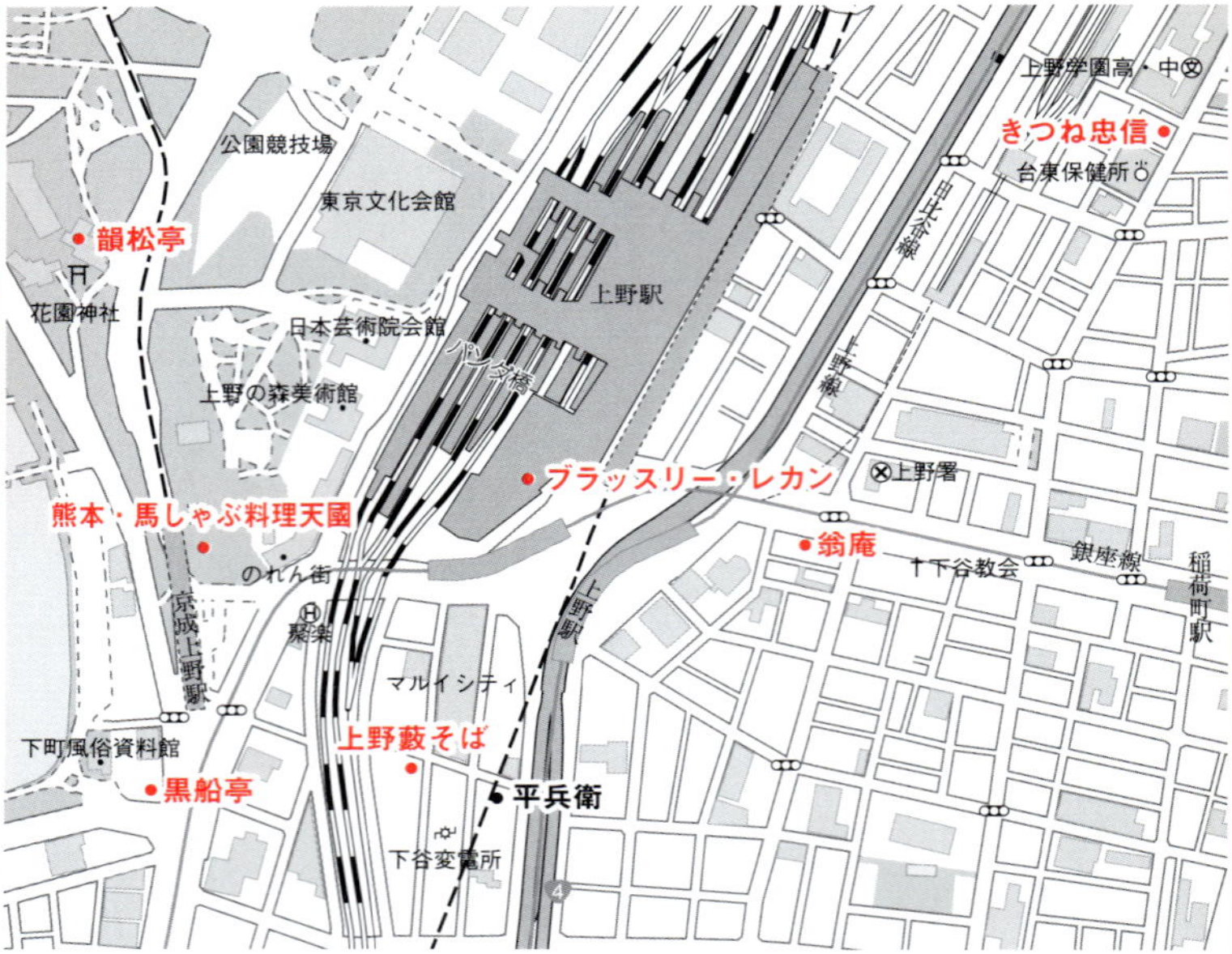
公園競技場
東京文化会館
韻松亭
花園神社
上野駅
日本芸術院会館
パンダ橋
上野の森美術館
上野学園高・中
きつね忠信
台東保健所
田比谷線
上野線
ブラッスリー・レカン
上野署
熊本・馬しゃぶ料理天國
のれん街
翁庵
下谷教会
銀座線
稲荷町駅
京成上野駅
上野駅
マルイシティ
下町風俗資料館
上野藪そば
黒船亭
平兵衛
下谷変電所
4

御徒町・台東・上野駅東&西側②

L

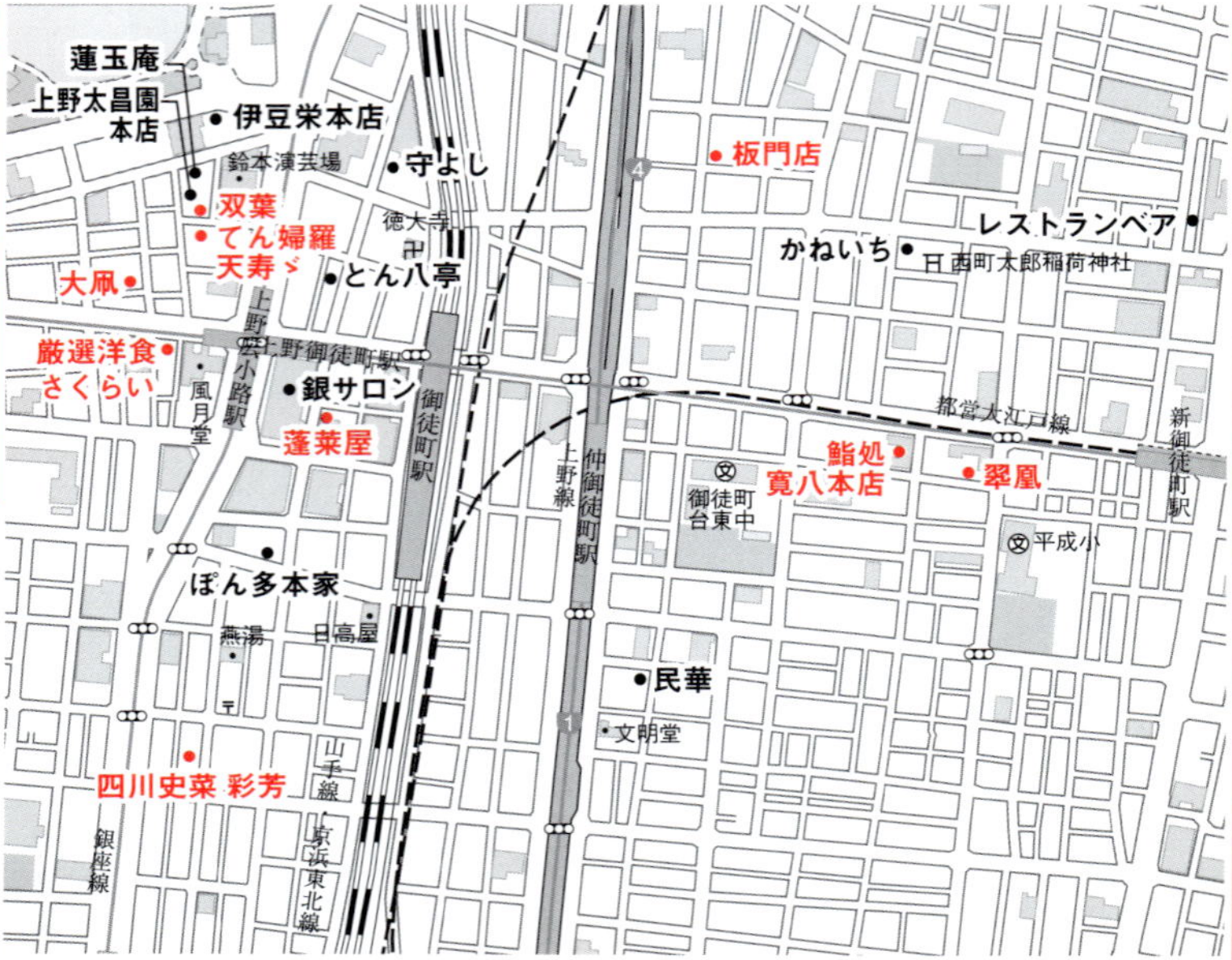
蓮玉庵
上野太昌園本店
伊豆栄本店
鈴本演芸場
守よし
板門店
4
双葉
てん婦羅天寿々
徳大寺
レストランベア
かねいち
西町太郎稲荷神社
大凧
とん八亭
上野広小路駅
上野御徒町駅
厳選洋食さくらい
風月堂
銀サロン
蓬莱屋
御徒町駅
都営大江戸線
新御徒町駅
鮨処寛八本店
翠凰
上野線
仲御徒町駅
御徒町台東中
平成小
ぽん多本家
燕湯
日高屋
民華
1
文明堂
四川史菜 彩芳
山手線・京浜東北線
銀座線

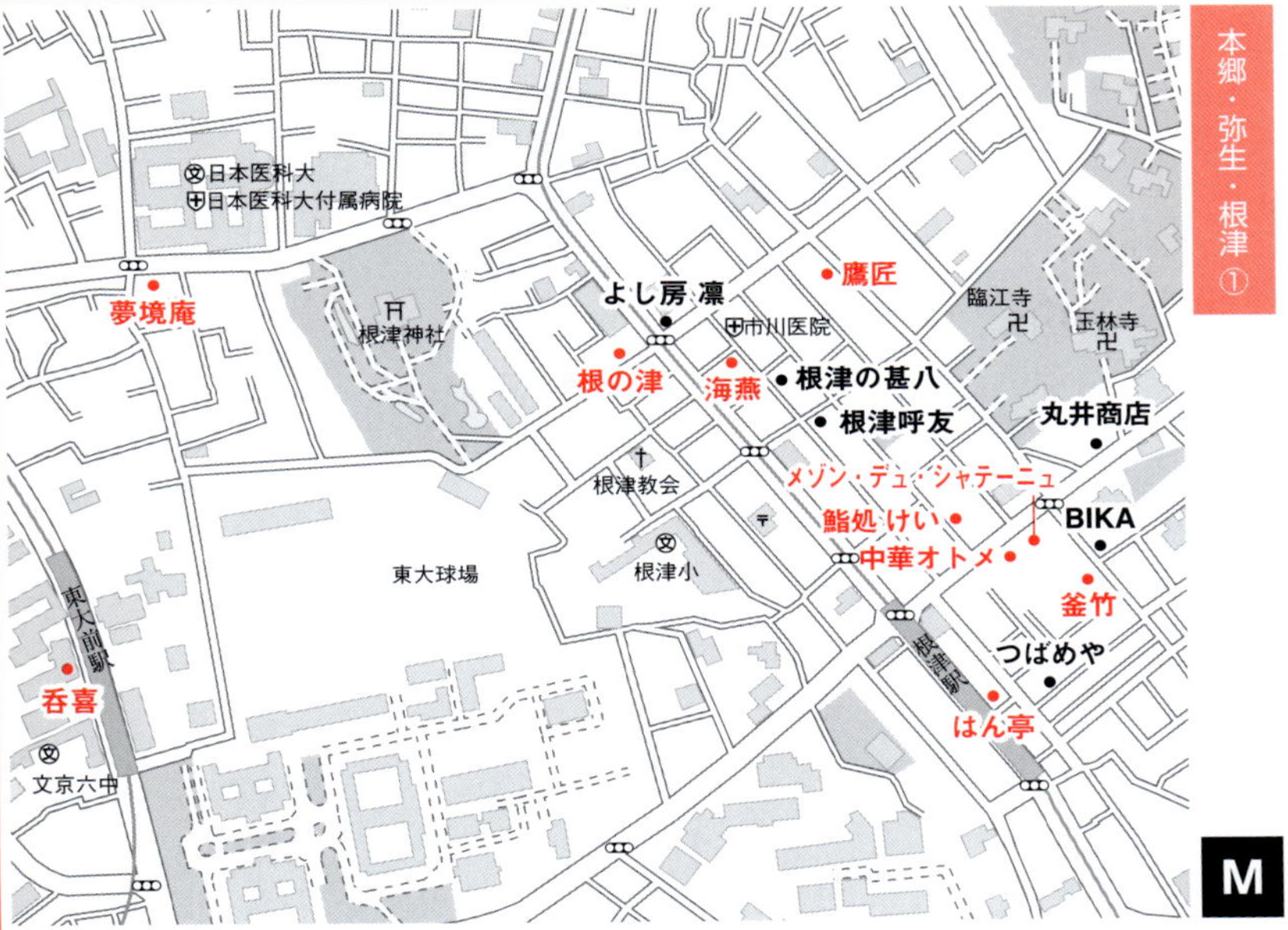
本郷・弥生・根津①
M
日本医科大
日本医科大付属病院
夢境庵
根津神社
よし房 凜
市川医院
鷹匠
臨江寺
玉林寺
根の津
海燕
根津の甚八
根津呼友
丸井商店
根津教会
メゾン・デュ・シャテーニュ
鮨処 けい
BIKA
東大球場
根津小
中華オトメ
釜竹
東大前駅
根津駅
つばめや
呑喜
はん亭
文京六中

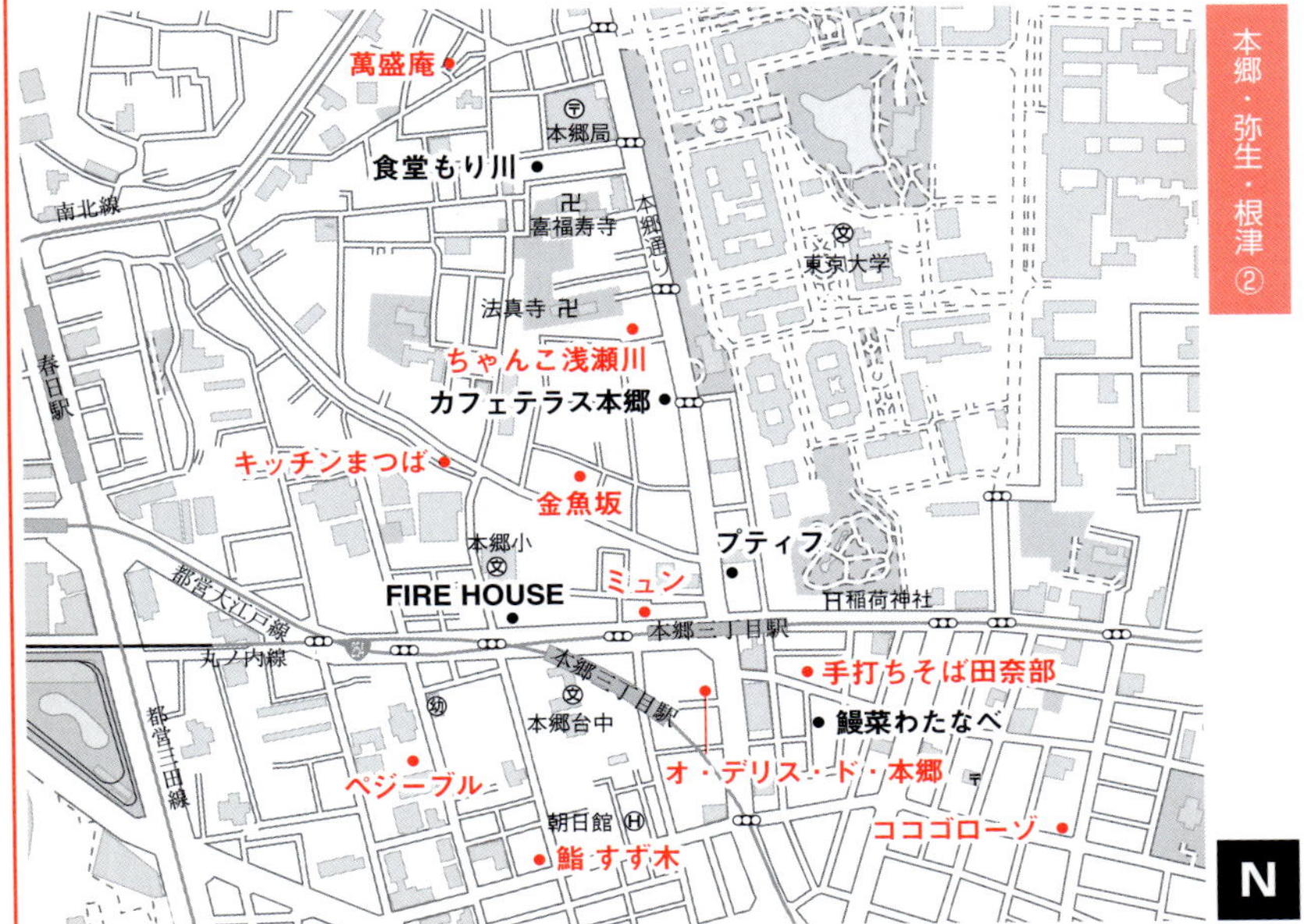
本郷・弥生・根津②
N
萬盛庵
本郷局
食堂もり川
南北線
喜福寿寺
本郷通り
東京大学
法真寺
ちゃんこ浅瀬川
カフェテラス本郷
春日駅
キッチンまつば
金魚坂
本郷小
プティフ
FIRE HOUSE
ミュン
稲荷神社
都営大江戸線
本郷三丁目駅
丸ノ内線
本郷三丁目駅
手打ちそば田奈部
本郷台中
鰻菜わたなべ
都営三田線
ペジーブル
オ・デリス・ド・本郷
朝日館
ココゴローゾ
鮨 すず木

下谷・根岸・谷中・千駄木①

O

下谷・根岸・谷中・千駄木②

P

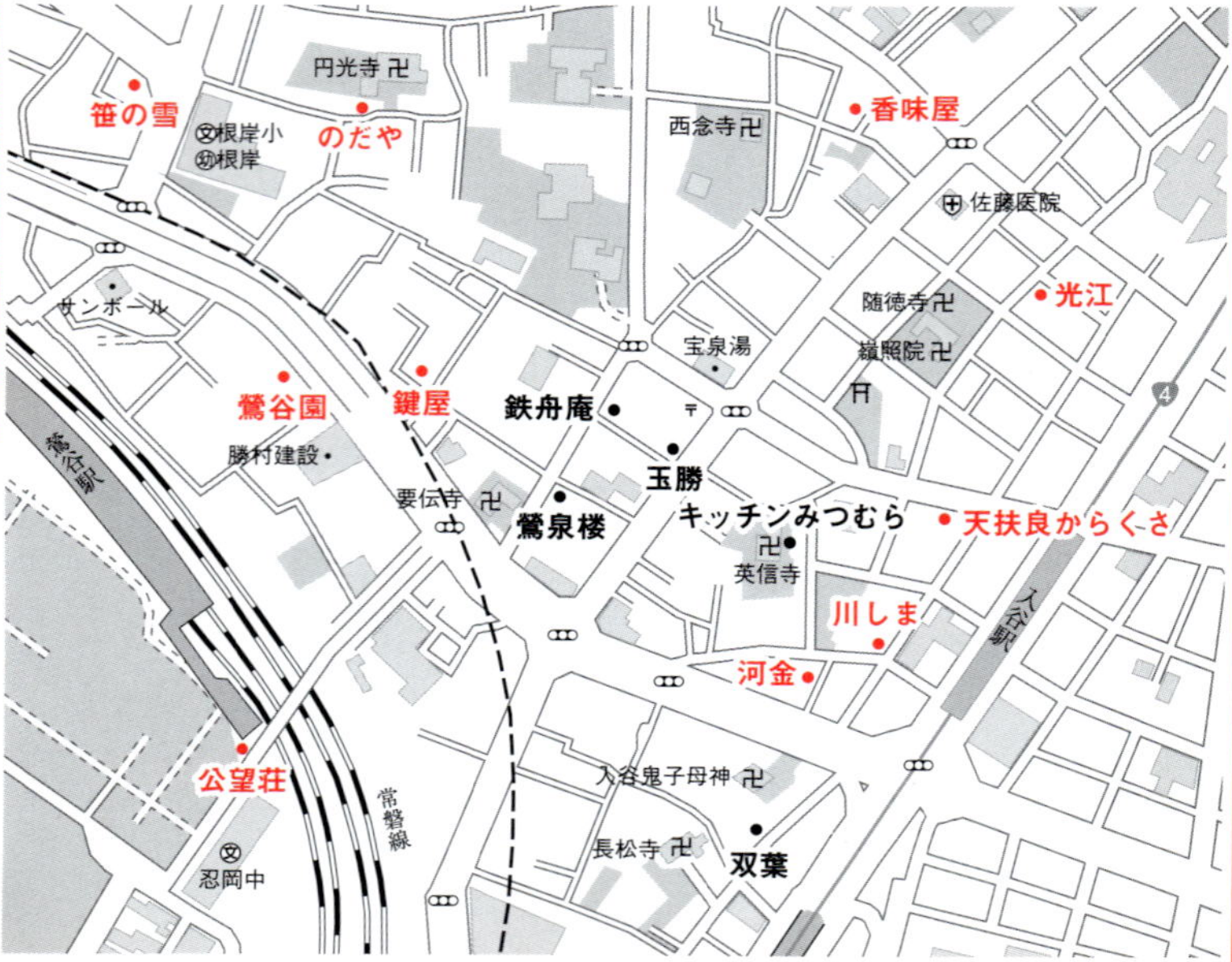

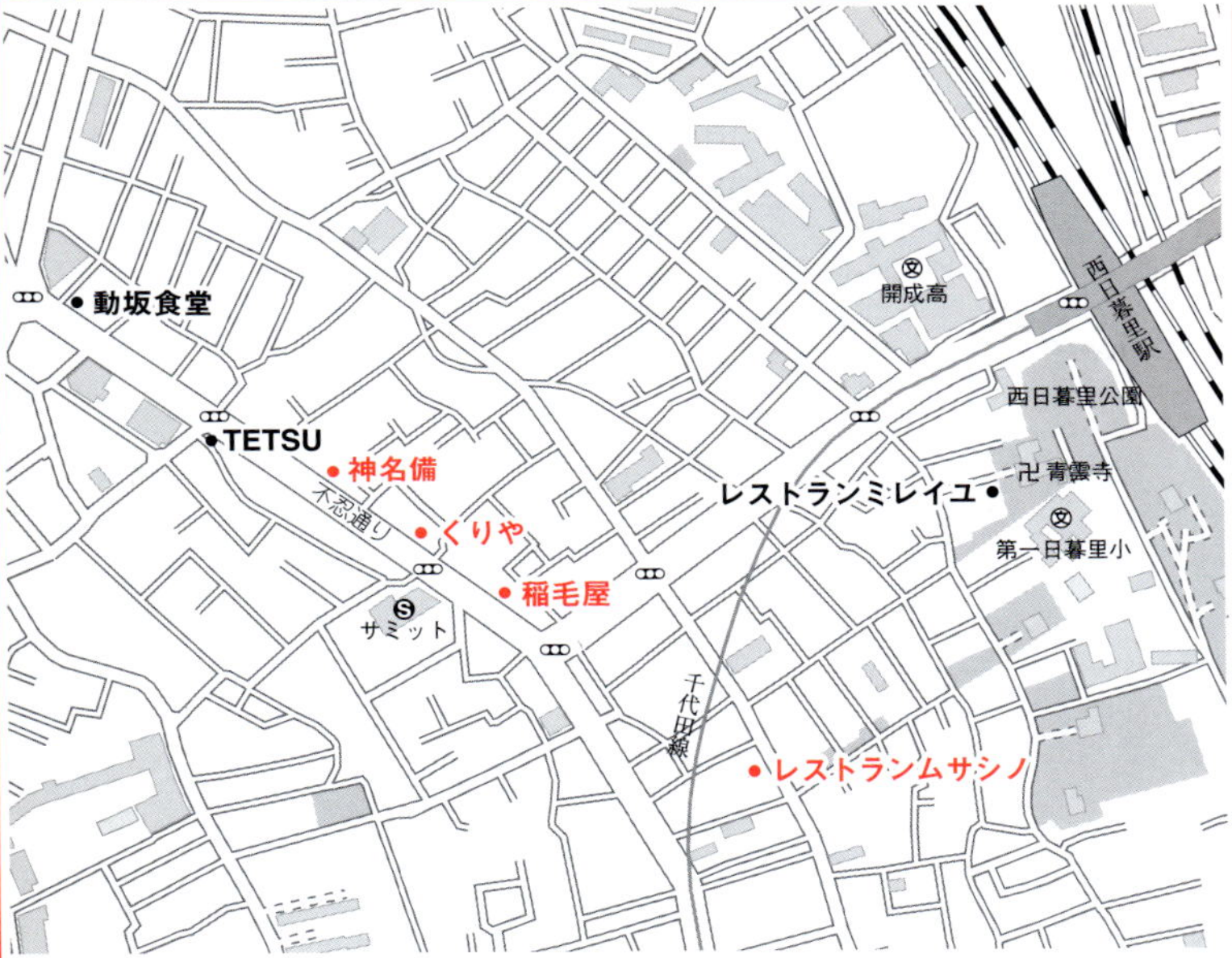
動坂食堂
TETSU
神名備
不忍通り
くりや
稲毛屋
サミット
千代田線
レストランムサシノ
レストランミレイユ
開成高
西日暮里駅
西日暮里公園
青雲寺
第一日暮里小

Q

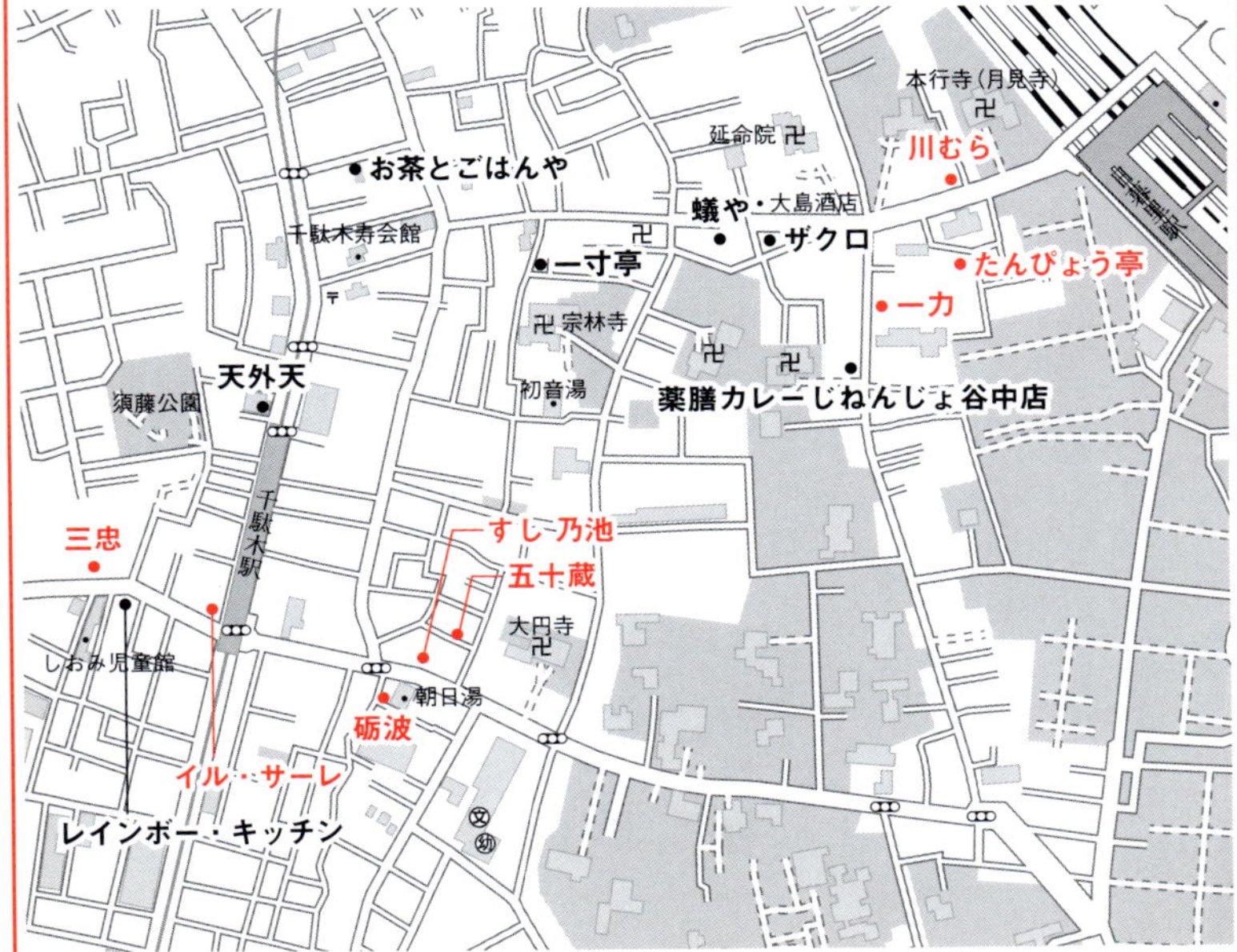
本行寺(月見寺)
延命院
川むら
お茶とごはんや
蟻や・大島酒店
ザクロ
千駄木寿会館
一寸亭
たんぴょう亭
一力
宗林寺
天外天
須藤公園
初音湯
薬膳カレーじねんじょ谷中店
三忠
千駄木駅
すし乃池
五十蔵
大円寺
しおみ児童館
朝日湯
砺波
イル・サーレ
レインボー・キッチン

R

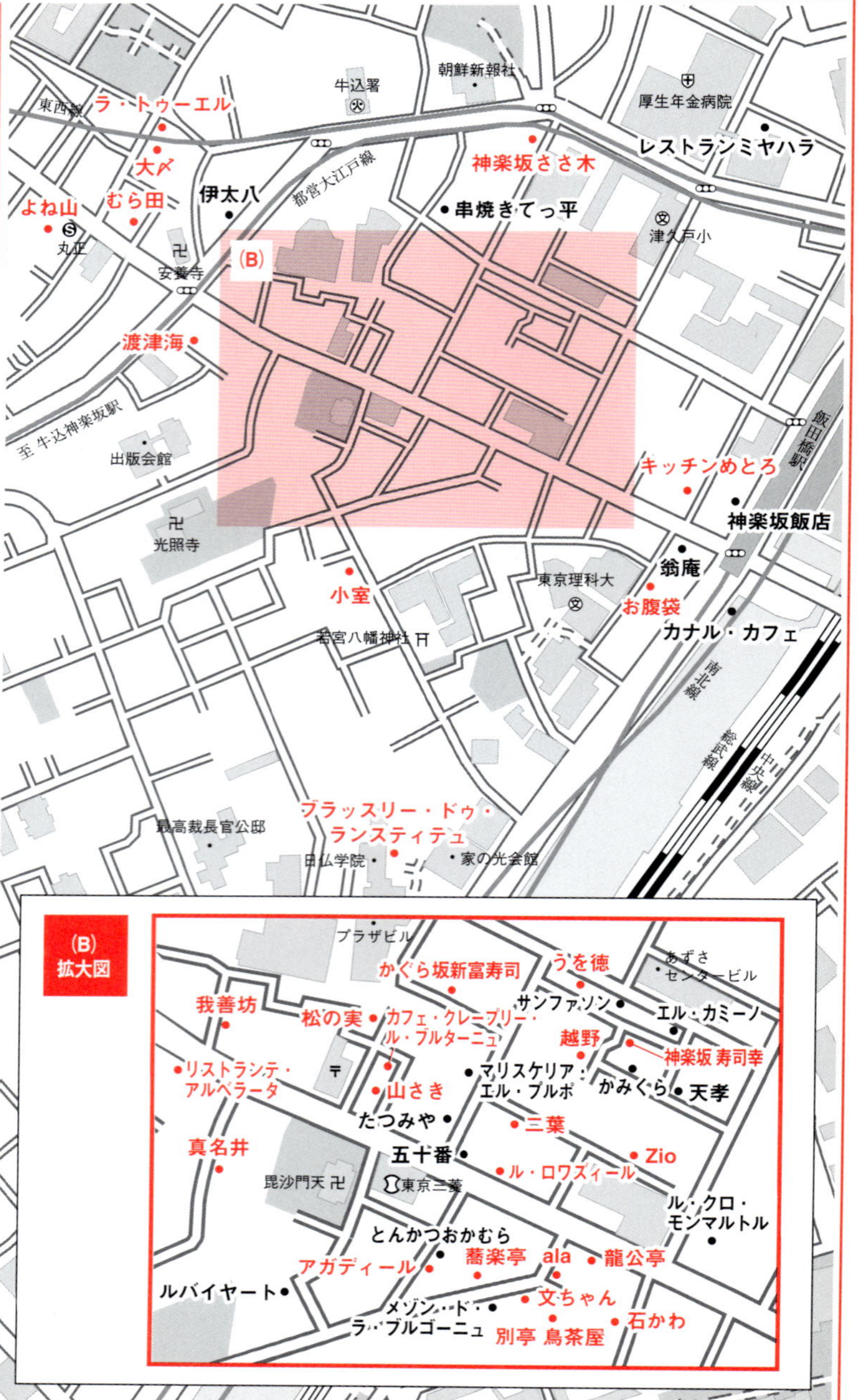

東西線
ラ・トゥーエル
大〆
よね山
むら田
丸正
伊太八
安養寺
都営大江戸線
牛込署
朝鮮新報社
神楽坂ささ木
串焼きてっ平
厚生年金病院
レストランミヤハラ
津久戸小
(B)
渡津海
至 牛込神楽坂駅
出版会館
光照寺
キッチンめとろ
飯田橋駅
神楽坂飯店
翁庵
小室
東京理科大
お腹袋
カナル・カフェ
若宮八幡神社
南北線
総武線
中央線
ブラッスリー・ドゥ・
ランスティテュ
最高裁長官公邸
日仏学院
家の光会館
(B)
拡大図
プラザビル
かぐら坂新富寿司
うを徳
あずさ
センタービル
我善坊
松の実
カフェ・クレープリー・
ル・ブルターニュ
サンファソン
エル・カミーノ
越野
神楽坂 寿司幸
リストランテ・
アルベラータ
山さき
マリスケリア・
エル・プルポ
かみくら
天孝
たつみや
三葉
真名井
五十番
Zio
ル・ロワズィール
毘沙門天
東京三菱
ル・クロ・
モンマルトル
とんかつおかむら
アガディール
蕎楽亭
ala
龍公亭
ルバイヤート
文ちゃん
メゾン・ド・
ラ・ブルゴーニュ
別亭 鳥茶屋
石かわ

玄菱
安村ビル
早稲田通り
聖公会教会
神楽坂駅
東西線
新潮社倉庫
リストランテ・ステファノ
新潮社
新潮社別館
レ・ブランドゥ
アディダス
牛込中央通り
秋葉神社
みずほ社宅
常念寺
ブラッスリー・グー
牛込神楽坂駅
旺文社
南蔵院
モスフードサービス
大久保通り
都営大江戸線
キムラヤ
ラ・ビチュード
カルミネ
さこむら内科
高齢者サービスセンター
ビストロ・ド・バーブ
ラストリカート
ル・マンジュ・トゥー
なんど遊園
志ま平
牛込三中

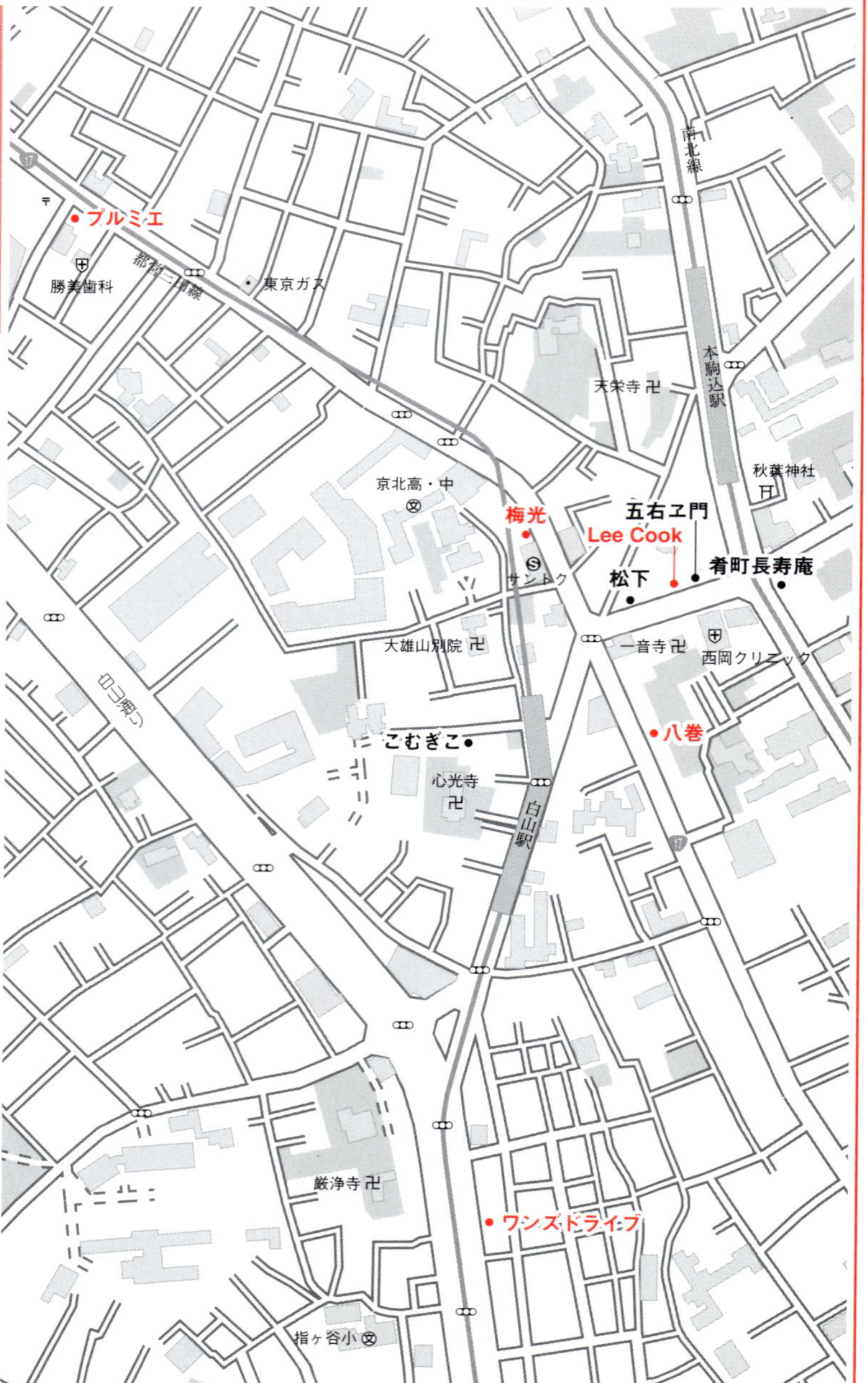
プルミエ
勝美歯科
都営三田線
東京ガス
南北線
本駒込駅
天栄寺
秋葉神社
京北高・中
梅光
五右ヱ門
Lee Cook
サントク
松下
肴町長寿庵
大雄山別院
一音寺
西岡クリニック
白山通り
八巻
こむぎこ
心光寺
白山駅
厳浄寺
ワンズドライブ
指ヶ谷小

小石川植物園
ソーニャ
窪町東公園
かねき湯
南寿会館
筑波大附属学校教育局
千川通り
茗荷谷駅
竹早公園
小石川図書館
春日通り
播磨坂
林泉寺
深光寺
ラ・カンパーナ
タンタ・ローバ
タベルネッタ・アグレスト
小石川4丁目ビル

V

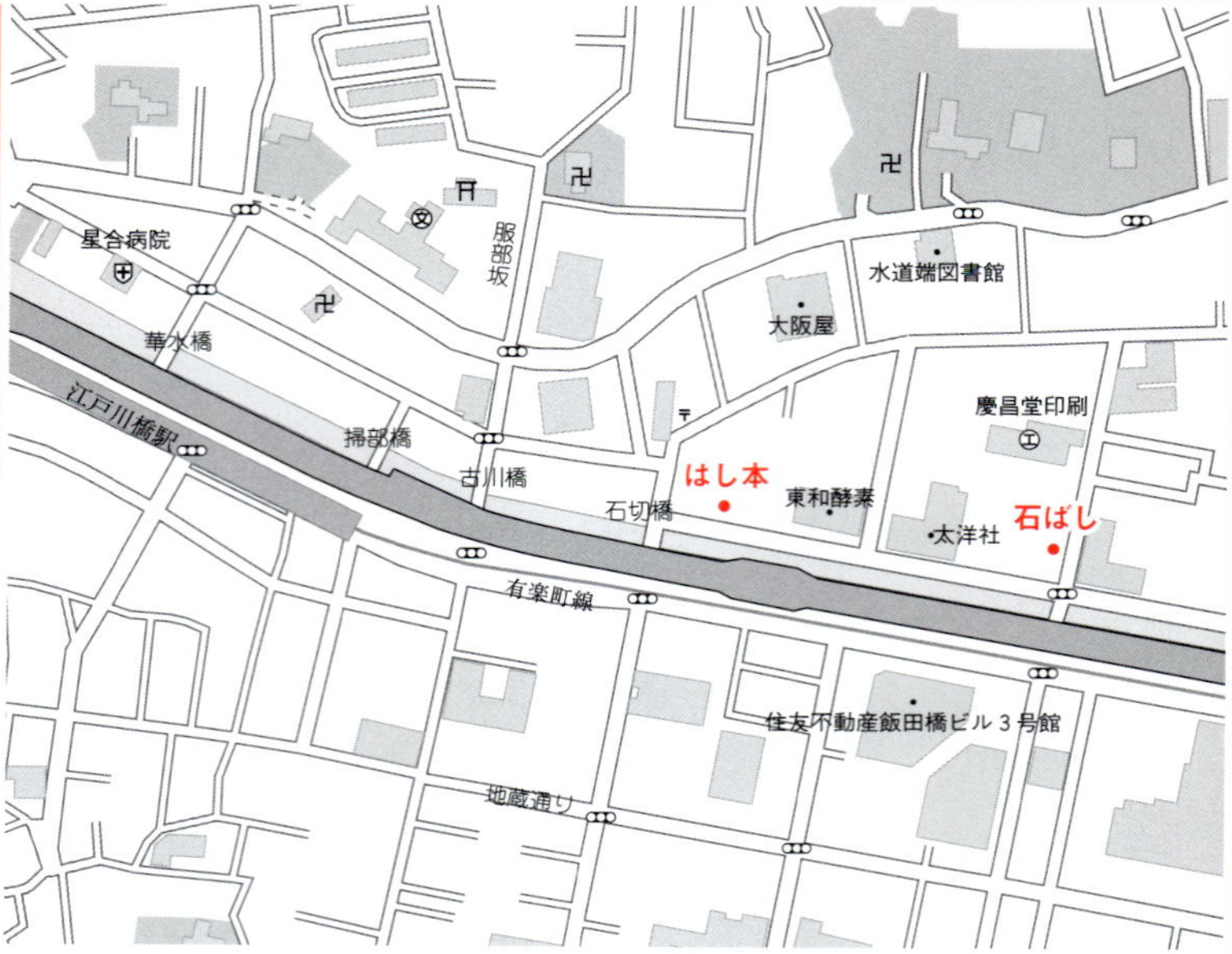
星合病院
服部坂
水道端図書館
大阪屋
華水橋
江戸川橋駅
掃部橋
古川橋
石切橋
はし本
東和酵素
慶昌堂印刷
太洋社
石ばし
有楽町線
住友不動産飯田橋ビル３号館
地蔵通り

W

J・C・オカザワの古き良き東京を食べる

本書の使い方

本書は古き良き東京のすぐれた料理店を200軒選出し、「名店二百選」として紹介するとともに、それぞれを評価したものです。ランチあるいはディナーを提供する店だけを対象とし、軽食にとどまる店は除外しました。「名店二百選」のほかに、二百選にあと一歩の優良店」、「二百選にもれた有名店」、そして使い方によっては思わぬ魅力を発揮する「こんなときにはこの一軒」のコラムを設けました。

●地域の掲載順序は下記の通りですが、地番で分別すると複雑極まりないため、JRおよび地下鉄の最寄り駅名を実際の住所とからめて表示してあります。したがって千代田区外神田と台東区秋葉原、文京区湯島と台東区池之端など、異なる区の町同士が同じコラムに混在することにもなりました。あらかじめご了承ください。

①神田駅周辺・淡路町・岩本町
②外神田・秋葉原
③小川町・御茶ノ水駅南側
④神保町・水道橋駅南側
⑤飯田橋・富士見・九段
⑥湯島・池之端
⑦本郷・弥生・根津
⑧御徒町・台東・上野駅東&南側
⑨下谷・根岸・谷中・千駄木
⑩本駒込・白山・小石川・春日
⑪神楽坂・市ヶ谷駅北側

●記号の説明は左記の通りです。

★ とてもおいしい料理を供するお店

★★ もはや最高の料理を供するお店

♥ 心あたたまるサービスと快適な居心地を兼ね備えたお店

 コスト・パフォーマンスが高く、東京の食文化の継承にも貢献しているお店

 古き良き東京の風情・情緒を今に残すお店

●各店の住所、電話番号、休業日を明記しましたが、営業時間は変更されることが多いために省略してあります。ただし昼のみ、あるいは夜のみの営業の場合はその旨を記しました。営業方針の変更などにより、休業日も変わることがあるので、電話予約をおすすめします。

●価格の表記は基本的に内税です。

＊本書は、著者が２００６年10月から２００７年９月までに訪れた結果をもとに執筆したものです。また値段やメニューなどのデータは２００７年９月現在のものです。変動ある場合もありますので、ご注意ください。

古き良き東京を食べる

目次

名店二百選

二百選にあと一歩の優良店

二百選にもれた有名店

こんなときにはこの一軒

まえがき

２００３年の『丸ビルを食べる』で産声をあげた「食べる」シリーズも浅草・銀座・下町を経て、やっと第5弾までたどりついた。これもみな、手にとって読んでくださった読者のみなさんのおかげと、心から感謝する次第です。ありがとうございました。

今回は「古き良き東京」を訪ねました。前作の『下町を食べる』ではカバーしきれなかった江戸・明治・大正の名残を今にとどめる東京の町々に焦点を当てたのです。

対象とするエリアは、東は神田・上野・下谷から、西は神楽坂・小石川に連なる一帯。中に挟まれる本郷・根津・谷中・千駄木・白山なども含まれることになります。以下に踏破する地番を、所在する区ごとに分別しましたので、ご参照ください。

□千代田区
町名に神田を含むすべての町（例…神田神保町・神田駿河台・外神田）
ほかに、鍛冶町・岩本町・猿楽町・三崎町・一ツ橋2丁目・九段北・九段南・飯田橋・富士見

□台東区
秋葉原・鳥越・台東・東上野・上野・北上野・下谷・根岸・上野公園・上野桜木・池之端・谷中

□文京区
湯島・本郷・弥生・根津・千駄木・向丘・西片・後楽・小石川・春日・水道・小日向・白山・本駒込1&3丁目

□荒川区
西日暮里3&4丁目

□新宿区

北は新小川町・水道町・改代町、東は神楽坂・若宮町、南は市谷砂土原町・納戸町、西は細工町・矢来町・赤城下町に囲まれるすべての町

『下町を食べる』でも実感したことながら、古い東京の町を訪ね歩くことの歓びを今回も満喫させてもらいました。情緒を残しつつも穏やかに変貌してゆく神楽坂、日に日に活気づく電気街・秋葉原、多くのお寺と一つの神社のおかげで、いつまでも変わることのない谷中と九段。東京に暮らすことの幸せをかみしめながら、「古き良き東京」を食べつくします。しばしの間、おつき合いください。

２００７年９月　Ｊ・Ｃ・オカザワ

東京

名店二百選

【名店二百選】

1 神田駅周辺・淡路町・岩本町

　江戸ッ子といえば神田ッ子。神田は東京の中心ながら、古くは神田山なる小高い丘だった。関ヶ原の戦いの数年後に、ときの幕府はこの小山を切り崩し、そこから出た土石で江戸城前に広がる入り江を埋め立てて、町並みを造成していった。凸なる山をもって、凹なる海をならし、ともに人の棲むところとして一石二鳥。江戸開府からほどなく、世界最大の都市に発展してゆく江戸の町の布石はここに打たれた。

　ＪＲ神田駅の北東に位置する須田町と淡路町、かっては連雀町と呼ばれた一郭に戦災を免れた古い町並みが残されたのは、都心では奇跡的な生き残り。現在も暖簾を掲げる蕎麦に汁粉に柏に鮟鱇の店々、世界遺産は望めぬだろうが、東京遺産として登録してほしいくらいのものだ。

志乃多寿司
（しのだずし）すし

★ 🌸 🍵

千代田区神田淡路町 2-2
03-3255-2525
火休

蓮根サクサクのいなり寿司

明治35年創業。総本店を名乗る人形町、いなりとのり巻きだけの浅草、生もの中心の新橋など「志乃多寿司」は数々あれど、神田のこの店が一番気に入っている。清潔感あふれる佇まいに惹かれる。店頭にはいつも数人の職人さんが立ち働いており「そんなに作って全部売れるの？」―余計な心配をしてしまうほど。

地下1階ダイニングのカウンター席で昼食。このフロアも清潔だ。相方と2人でいただいたものはかくの如し。

松（777円）―茶巾・穴子・かっぱ巻き
椿（1491円）―小鯛・海老・鮭・穴子巻き
・鯖棒寿司2切れ
しのだ&のり巻き（472円）―各3個

ほかにお通しの小さな冷奴が出た。率直な感想として、期待以上の美味に驚いた。海老や穴子のシゴトはきわめてハイレベル。この2種類はアンコールしたいほどのものだった。味付けが少々甘めの主力商品・しのだは酢めしに混ぜ込んだ蓮根の歯ざわりがアクセントになっている。かんぴょうののり巻きはキッチリ巻かれているものの、しのだほどの際立ちはない。

押し寿司系の上方寿司では白山の「梅光」、神楽坂の「大〆」とともに、東京の御三家のお墨付きを与えたい。以前は連雀町と呼ばれたこの一郭には「かんだやぶそば」、「近江屋洋菓子店」など日曜営業の名店が揃って、訪れる客にしばし都会の喧騒を忘れさせてくれる。

天兵

（てんぺい）天ぷら

千代田区神田須田町 1-2
03-3256-5788
土日祝休

榧と胡麻とで揚げる天ぷら

榧《かや》油を使用する店として有名。榧だけでは渋味が出るために胡麻をブレンドしている。榧はいちいのことで、将棋盤や碁盤の材料として使われる木。梅定食（１６００円）の内容は、海老２尾・穴子・桜海老かき揚げ・なす・ししとう・かぼちゃ。これに味噌椀・新香・ごはん。色の濃い天ぷらは意外にあっさりとして香りもよく、胃もたれの心配はなさそうだ。目の前のケースには若鮎・つぶ貝・はまぐり・川海老など意欲的な天種が並び、ウラを返して今度は晩酌に訪れたい気持ちにさせてくれる。

かんだ やぶそば

そば

千代田区神田淡路町 2-10
03-3251-0287
無休

そばをしのいだのど自慢

浅草の「並木」、上野の「池之端」と並んで、東京の藪御三家の一翼を担う。ビールは生・瓶ともにそば屋のつまみに合わないエビスしか置いていないから、菊正の樽酒に直行することになる。練り味噌とあい焼きがぬる燗との相性の妙を見せる。せいろうそば（６３０円）はつゆはよいのだが、肝心のそばにキレがない。フワッとした食感にものたりなさを覚える。居心地の良さは特筆で、酒を飲むにはこれ以上ない設い。帳場に居座り、注文を通す女性の喉がえも言われぬ名調子。ときがゆっくり流れている。

神田まつや

（かんだまつや）そば

♥

千代田区神田須田町 1-13
03-3251-1556
日休

相席似合う庶民のそば屋

日本橋室町の「砂場」同様、毎年暮れになると必ず訪れたくなる神田須田町の「まつや」。心なしか師走のせわしなさが似合う店と勝手に解釈している。近所の「かんだやぶそば」とはまったく対照的な表情を持つ町のそば屋さんだ。庶民的なわりに客には大会社のおエライさんも数多い。顔ぶれを観察していると、そば屋のそれと言うより、うなぎ屋のそれに近いかもしれない。

歳末ともなれば、昼間から酒。キリンラガーは大瓶につき、2人で1本空けたら、すみやかに菊正のぬる燗へ。冷え込む日には熱燗でヒートアップ。つまみは定番のそば味噌・焼き海苔・わさびかまぼこ。月並みだがこの3品は外せない。人数が多いときには加えて焼き鳥と湯葉わさびあたりを。親子煮はたまに頼むけれど、天種を注文することはまれ。絶対のオススメが粒雲丹とにしんの棒煮。雲丹は出来合いながら、この2品は「神田まつや」の誇る花丸ジルシと言ってよい。

肝心のそばは、もり系よりもかけ系が好き。かけづゆとそばの相性がよく、熱いつゆの中でもへこたれないそばがいい。柚子切りなど、この店に似合わないものはやはりよくなかった。酒のあとの締めはシンプルなかけか花巻。飲まない昼どきはおかめとじ。昼夜を問わず立て混む店で、昼など11時過ぎの開店と同時に客が詰め掛け、20分ほどでいっぱい。相席必至とは言え、これほど相席の似合う店もまたない。

満寿家

（ますや）うなぎ・ふぐ

★ ♥

千代田区神田鍛冶町 3-3
03-3256-8897
土日祝休　ふぐの季節は土曜夜営業

昼と夜とは別の顔

　あるときは片目の運転手、またあるときはインドの大富豪、しかしてその実体は…。何だいきなりと、気色ばんでいただいても困る。「満寿家」を的確に表現するにはこれしかなかった。いや、最適なのがあった。「ジキル博士とハイド氏」、これがピッタリ。実はこの店、昼はうなぎの専門店。夜はふぐ屋に早変わり。しかしてオフシーズンには多彩な食材で、活魚割烹の面影すら見せる。

　まずはジキル博士にお目もじがかなった。11時40分の到着で9席のカウンターに空席が１つ。客はすべて初老の男性、団塊のうなぎ族なる世代だ。うな重は２１００円、２６００円、３３００円と量目によって3段階。最小をお願いした。脂のノリほどよく、ふっくら肉厚でいながら、むやみに大きくないのがいい。タレも甘すぎず辛すぎず、均整が取れている。

　師走。今度はハイド氏に逢いに行った。ふぐ刺しのほか、あおりいか刺身と鯒《こち》昆布〆、のどぐろ煮付けにぶり照焼きと食べ進む。ふぐ唐揚げ・ふぐ白子焼き・ふぐ湯引き・ふぐちり・ふぐ雑炊と後半は、ふぐづくしで大満足の大団円。しかして後日届いた請求書に真っ青。１人3万円は軽く超えていた。もっともあれだけむさぼり食えば、当然の結末か。

　人柄温かく、ソツのない接客の女将は浅草の生まれ。何を隠そう「弁天山美家古寿司」は、現五代目の妹さんである。さすがと言えば、さすがですな。

いせ源

（いせげん）あんこう

千代田区神田須田町 1-11-1
03-3251-1229
日休　5～8月は土祝も休

肝・鍋・雑炊だけでいい

創業は1830年（天保元年）。天保と聞くと天保水滸伝の平手造酒。平手と言えば神田お玉ヶ池の千葉道場。「いせ源」のある旧連雀町はお玉ヶ池にも近い。以前は川魚を商っていたが、先々代の頃からあんこう専門となり、当代で六代目。ふぐでは食えない肝刺しが必食で、ふぐ刺しほどには旨くないあん刺しは無視すべし。あとは寄せ鍋スタイルのあんこう鍋と雑炊だけでいい。具材は多彩ながら、量はかなり少なめで1人8000円ほどの予算。5～8月のオフシーズンは、うなぎ&どぜうで勝負する。

ぼたん

鳥すき焼き

千代田区神田須田町 1-15
03-3251-0577
日祝休

由来は牡丹に非ず

隣りの「いせ源」ともども都選定の歴史的建造物。明治30年頃の創業で「ぼたん」の店名の由来は花の牡丹ではなく、洋服に付けるボタン。開業前の店主の勤め先がボタン屋だったことによる。2月末、門柱の脇の沈丁花が白い花を咲かせていた。焼き鳥や立田揚げもあるにはあるが、料理は1人前6700円也の鳥すき焼きのほぼ一本勝負。熱を遮断する銅板の上に置かれた備長炭に鉄鍋を掛け、煮えるそばから生玉子をくぐらせて口元に運ぶ。古き良き東京の情緒をこれほど実感させる店も少ない。

藤むら

（ふじむら）和食

千代田区神田多町 2-2
03-3256-0063
土日祝休

気が利いているサービス品

創業35年の和食店。夜の晩酌にも使えるが、一番の魅力は昼の和定食。基本のごはんが抜群の美味しさだ。11時15分頃には店を開け、気の早いオジさん連中が押し寄せ始めたら、あとはもう引きも切らずに千客万来の商売繁盛。戻りがつお刺し・赤魚粕漬け・ぶり照り焼きなどがみな千円以下。これにたら子（600円）のちょい焼きを追加するのが理想だ。かきのシーズンには、かきフライやかき玉鍋が登場して客を喜ばせる。卓上の小梅とナムルもやしは食べ放題のサービス品で、これがまた人気に一役。

新八

（しんぱち）居酒屋

★ ✿

千代田区神田鍛冶町 2-9-1
03-3254-9729
日祝休　夜のみ営業

伊蔵でやった馬刺し盛り

日本酒の品揃え豊富な神田の名居酒屋。埼玉の神亀や静岡の磯自慢で、多彩な料理を味わう歓びを何に例えよう。突き出しの真鯛&さばのバッテラからして気が利いている。さあて、ジックリ飲むぞ！　というときにうれしい佳品だ。子うるかと本うるかの二種盛り、肝付きの皮はぎ造り、のどぐろ塩焼きと継いでゆき、名物の馬刺し盛合わせ（2750円）は、たまたま入荷のあった森伊蔵のロックでやる。霜降り・赤身・たてがみ・ハツ・レバー・こうねと6種の部位が揃い、コリコリのレバーが白眉。

松栄亭

（しょうえいてい）洋食

千代田区神田淡路町 2-8
03-3251-5511
日祝休

ムラがなくなりゃ一ツ星

日露戦争が終わって間もない明治40年の創業。老舗洋食店の名代は洋風カキアゲ（850円）なる一品。夏目漱石も食べたというのがキャッチコピーで、豚バラ肉がちょっぴり入った小麦粉のフリッターだ。これを注文すると、たっぷり20分は待つ羽目に陥る。ハナシの種に1度食べれば、それでじゅうぶん。あとはほかの料理を味わうほうがずっと賢い。

年1回のペースでおジャマしていて、これまでに食べたものを列挙すると、以下のようになった。

▲洋風カキアゲ・クラムチャウダー・★オムレツ・▲ロールキャベツ・ポークカツ・★串カツ・ポークソテー・★かきフライ・カレーライス・ドライカレー・チキンライス・ハムサラダ・★新香盛合わせ・★ライス

★はグッドで、無印がフツー、▲はペケ。

揚げもののムラが難ながら、串カツとかきフライはとてもよかった。特筆はきゅうり&かぶのぬか漬けとライス。ただしぬか漬けは塩気の強いことがあり、ライスも硬めに炊かれているはずがヤワなこともある。このあたりの安定感が増せば、一ツ星が見えてくるだけに残念。

数年前にビルに変身してしまい、昔からのファンの間には往時を懐かしむ声が多い。鮟鱇の「いせ源」、鳥鍋の「ぼたん」がそのままなのに「松栄亭」だけが「なぜに早まってしまったのだ?!」―この印象だけはぬぐえない。

栄屋ミルクホール

（さかえやみるくほーる）食堂

千代田区神田多町 2-11-7
03-3252-1068
日祝休　第２・４・５土曜休
土曜は昼のみ営業

昭和の匂いの中華そば

昭和20年創業。戦災から焼け残ったとしても当時は未曾有の食糧難。ミルクをどのように確保したのだろう。店名は往時のミルクホールのままだが、今の実体は軽食堂。甘味処のような佇まいを見せながらも、甘いものは扱っていない。その代わり、いなり寿司やおにぎりはある。

店仕舞いが19時と早いために、営業はランチタイムが中心。売れスジはラーメン&カレーセット（950円）。ラーメンは典型的な古き良き東京の中華そば。細打ちほぼまっすぐ薄黄色の麺はツルツル感が快適だ。鳥ガラ主体のスープはあっさりとした醤油味。化学調味料が気になるものの、なんとか許容範囲内。彩る具材は肩ロースチャーシュー・シナチク・小松菜と、正統派の3点セット。近頃、緑の葉野菜を省く店が目立つなかにあって、こういうルックスのラーメンは好感度が増す。セットのカレーはハーフサイズで、ラーメンに比べると凡庸の感否めず、ウスターだか中濃だか、ソースの味が強すぎるのも難。若いサラリーマンにはセットだが、ＯＬさんならタンメン（750円）、中年以上のお父さんにはラーメン&おにぎりが人気。5月末から始まる冷やし中華（950円）も、初夏から初秋にかけてのこの店の風物詩。

近所の「まつや」でもりをたぐったあとに立ち寄って、ラーメンをするのが楽しみなのだが、最近は麺の量を持てあましている。そろそろ無謀なハシゴは控えるとしよう。

トラットリア・ラ・テスタドゥーラ

イタリア料理

千代田区神田須田町 1-13-8
03-5207-5267
日祝休

ワリと素直な頑固者

店名は「頑固頭のトラットリア」の意。トスカーナ料理を謳うが、それほど頑固でも郷土色豊かでもない。日本そばの「まつや」の隣りというロケーションは絶好。「そばもいいけど昨日も食ったし。そう言や隣りにパスタ屋があったな。たまにゃスパゲッチでも行っとくか！」──こんな呑気な父さんも少なくなかったりして…。

出会いは4年前。男ばかり4人で出掛けた。生ビールに続いて白ワインはガヴィ'01年。白はあまり口にしないので仲間に任せておき、こちらはデッシラーニのゲンメ・リゼルヴァ'97年（6000円）をクイッとやる。2本目の赤はトスカーナ料理に敬意を表して、同郷の優れモノ、アニア'94年（1万2000円）を。ワインの値付けは良心的なものがあった。

料理のデキには多少のムラがあり、良い子○、悪い子×、普通の子△に分類してみた。○─サンダニエーレ産生ハム・こちのオーヴン焼き。×─米国産仔羊の網焼き・ポルチーニのタリオリーニ。△─海の幸のサラダ・たことセロリと根セロリのサラダ・地鶏のロースト・生桜海老のスパゲッティ。こういった具合だ。殊に脂身ばかりのシツッコい仔羊には手を焼いた。

数カ月前の土曜日。ランチタイムに無理を言って用意してもらった夜メニューの南伊豆産猪肉Tボーン炭火焼きは、猪肉の醍醐味いっぱいで二重丸。フィレンツェで食べたビステッカ・フィオレンティーナのはるか上を行った。

トプカ

カレー

千代田区神田須田町 1-11
03-3255-0707
無休

激辛カレーが激安

昼はカレー、夜は居酒屋の二面性を持つユニークな店だが、カレーは夜も食べられる。インドカレーと欧風カレーの品揃えは豊富で、ないのは和風カレーのみ。それは家に帰って食べなさいということか。居酒屋メニューに傑出したところはなく、神田駅周辺の大衆店と変わることがない。それをルウのみで500円ほどのおつまみカレーが補って余りある。オススメはクミンとカルダモンが主張するインド風。ムルギ（チキン）とポークが激辛でマトンが中辛。この香り高きカレーが千円以下とは信じがたい。一ツ星目前。

山形家

（やまがたや）ラーメン

★
千代田区神田須田町 2-12
03-3252-8088
日祝休

脇役トリオが効果的

限定1日30食の殺し文句のおかげか、昼どきは塩らーめんが一番人気。そして店主が勧めるイチ推しは味噌。ともに700円だがこの店はもっとも安い醤油らーめん（650円）がベスト。スープを一口すすって、天ぷらそばかたぬきそばのような匂いを感じた。背脂のコク味に味噌っぽい風味もほんのりと。中細ちぢれの黄色い麺は少々柔らかく、こりゃすぐにノビちまうぞ！　とあわてたものの、最後までコシを失わない優秀麺。質の良いシナチク・ナルト・海苔の脇役トリオの味も香りも申し分ない。

近江屋洋菓子店

（おうみやようがしてん）軽食・洋菓子

★ ♥ ✿ ☂

千代田区神田淡路町 2-4
03-3251-1088
無休　土日祝は早仕舞い

東京一のドリンクバー

食事を提供しない洋菓子店の登場だが、この店は絶対に外せない。営業の主力は店名の如く洋菓子とパンの製造販売。しかしてイートイン・コーナーでは買い求めたサンドイッチや調理パンを食べることができるし、充実ぶりを誇るドリンクバーも設けられている。そしてそこには熱々のボルシチも用意されている。「近江屋洋菓子店」の歴史はまさに波乱万丈、つまびらかにすると紙面がつきるので、興味のある方はＨＰを参照されたし。なお、本郷4丁目に、ここと外見も内装もそっくりの姉妹店がある。

２００1年3月、土曜日の昼。ぼんやり歩いていて、店の前にさしかかった。ドリンクバーが３８０円＋税と看板にあった。ボルシチの明記がなければ、通り過ぎていたかもしれない。ミックスサンドとホットドッグを購入し、バー料金の４００円を上乗せして支払う。バーのラインナップには本当に驚いた。フレッシジュースがオレンジ・グレープフルーツ・ストロベリーと揃い、バナナミルクやチョコレートドリンク、コーヒー・紅茶はもとよりフレッシュのハーブティーまで並んでいた。その後、５２５円に値上げされ、現在は６３０円となったが、それでもいまだに破格。牛肉・にんじん・キャベツ・じゃが芋入りのボルシチも健在だ。以来ずっと週末のブランチに利用しているが、日曜日にはパン類の販売がないから要注意。ケーキでボルシチを食べるのはあまりにも悲しい。

【名店二百選】

2 外神田・秋葉原

　銭形の平次親分でおなじみの神田明神下はこの外神田一帯。ここでも比較的古い建物の店舗が営業を続けている。神田明神の祭りに続く浅草の三社祭、そして鳥越神社の祭りが終われば、東京の初夏はそこでお仕舞い。うっとうしい梅雨に入り、それを抜けると本格的な夏の到来を迎える。

　この数年で立体的に生まれ変わった秋葉原も、周辺の地番はすべて千代田区外神田。ところが巨大な駅の北のはずれに、猫の額ほどの台東区秋葉原がポツンと存在する。おそらく東京でもっとも小さな町の一つだろう。世界に冠たる電気街・秋葉原の意外な側面だ。メイドカフェの発祥地としても名を馳せるが、残念ながらその種のカフェはハタケ違い。本書には一軒の掲載もないので悪しからず。

亀鮨

（かめずし）すし

千代田区外神田 6-11-11
03-3831-2538
土日祝休

自家製のつまみがズラリ

入ろうか入るまいか、店先で腕組みをして考えた。予備知識は何もないが、店の佇まいにこのまま立ち去れないものを感じて、入店を決断。はたしてこれが正解、思い切って入ってよかった。

初老の親方は良き昭和の日本人を思わせる気さくで温厚な人柄。言葉遣いも丁寧だ。平目のことを「しらめ」と発音するから、江戸っ子かもしれない。だとすれば、この土地は神田明神のお膝元、生粋の江戸っ子ということになる。相方のおっとりとした女将さんもいい方で、店は夫婦2人だけの切り盛り。

ビールを注文すると、自家製のからすみとしゃもがスッと出される。どちらもなかなかのものだ。ものはついでとばかりに、これまた自家製の柳がれいを焼いてもらう。ここで焼酎に移行して、本日初めての刺身。薄めでお願いした平目は7切れもきた。続いて蝦蛄が3尾。訪れた頃にはまだ江戸前の小柴産が揚がっていて、そのシットリとした舌ざわり、鼻腔に抜けるホンモノの香りを心ゆくまで楽しむ。時に2004年の秋。小柴の蝦蛄はこのあとすぐ、パッタリと姿を見せなくなる。当時はこんな事態になるとは夢にも思わなかった。

にぎりは、小肌・平貝・すみいか・赤身づけの4カン。タネが大ぶりで、この半分でじゅうぶんなくらい。ケースにはほかに、鯵・かんぱち・さば・赤貝・帆立・車海老・穴子が整列。お勘定は6000円と、良心的にして庶民的。

神田川本店

（かんだがわほんてん）うなぎ

★★♥

千代田区外神田 2-5-11
03-3251-5031
日祝休　第２土曜休

満点に輝く二ツ星

神田明神下に日本家屋の一軒家を構えるうなぎの老舗。料理・設い・接客・CPと、四拍子揃った東京随一の名店である。文化2年（1805年）の創業以来200年に渡り、タレを守り続けているという。それにしてもうなぎの名店の屋号には約束事のように「川」の字が含まれているものだ。「宮川」・「前川」・「色川」・「田川」・「川勢」・「小川家」、数え上げればキリがない。

全室が個室。カップルも座敷に通され、差し向かいとなる。ビールは大瓶。由緒正しき料理店で大瓶は珍しいが、神田や浅草ではままあることで、2人で飲むにはちょうどいい分量だ。おあとは菊正のぬる燗か、さつま司のロックというのが毎度の傾向。前菜からして手抜きなく、料理人のセンスが光る。ふきのとうの煮びたし・青唐しんじょ・白ばい貝煮などが並ぶ。ある夜の刺盛りは、いさき・平目&そのえんがわ・まぐろ赤身&中とろ。旬の異なる平目といさきの同舟にとまどうが素材は良質。おろし立てのわさびの香りもすがすがしい。

うなぎモノはまず2人で1本限定の肝焼き（630円）から。おかげでこの店は吸いものに肝を使えない。白焼き（2520円）には不満が残った。ベチャッとした焼き上がりが気に染まない。さすがにうな重（3360円）は千両役者。硬めに炊かれたごはんの上で、秘伝のタレをまとったうなぎの蒲焼きがまぶしく輝いている。

一の谷

（いちのたに）ちゃんこ

千代田区外神田 2-13-4
03-3251-8500
日祝休　夜のみ営業

フワフワの鯛つみれ

鯛つみれのちゃんこ鍋専門店。初代店主は高砂部屋の力士だった一の谷。五代も続いている一の谷はずっと直系なのだそうだ。お相撲さんを辞めてもちゃんこ料理屋のおかげで生活の心配は無用。刺盛り（赤身・中とろ・するめいか）を肴に、福井の酒・一の谷を常温でやりながら、ちゃんこの登場を待つ。期待ふくらむ鯛ちゃんこは主役のつみれが卵白でつながれてフワフワッとした食感。つみれとはんぺんの中間という感じ。つゆの味付けは薄めの醤油仕立て。鍋に浮かぶ軍配をかたどったにんじんが可愛い。

鳥つね自然洞

（とりつねしぜんどう）鳥料理

千代田区外神田 5-5-2
03-5818-3566
日祝休

特上はぜんぜん違います！

湯島天神前の「鳥つね」から独立して35年の親子丼の人気店。2軒の品書きはそっくりだが、内容と味付けは微妙に異なって、甘辛さを抑えた「自然洞」のほうが好みだ。親子丼（1000円）から特上モツ入り親子丼（1900円）まで6種類が揃い、ほかに鳥肉のかつ丼（1100円）も人気。イチ推しは良質の白レバーを使用する特上モツ入り。並・上・特上の違いを接客の女性に訊ねると「特上はぜんぜん違います！」とトンチンカンな答えが返ってきた。つゆ少なめのかつ丼が予想外の佳品。

牛丼専門サンボ

(ぎゅうどんせんもんさんぼ) 牛丼

千代田区外神田 3-14-4
電話ナシ
不定休　正午〜19時くらいまで営業

数々の教育的指導

都内屈指の珍店。夫婦2人きりの切り盛りのようだが、ときとして青年の姿を見掛けることも。数々のローカルルールにしばられるから、怒りっぽい客は近づかないほうが無難。自分では気の長いほうだと思われる方でも、心して出掛けたい。

壁の定価表には、牛丼並400　大盛500　お皿(ご飯付)450　牛皿(〃)650　みそ汁50　玉子50と記され、2つの「牛」の字だけは赤字。

余計なメニューのまったくない純粋な牛丼専門店だ。大盛と牛皿(お皿の大盛と思えばよし)は特大につき、ハナから忘れたほうがよい。食べ残すと軽蔑の眼差しを浴びることになるからだ。オバちゃんが熱いお茶を出してくれる前に、注文を通そうとすると、引っぱたかれはしないが、叱責される。新聞を拡げてはいけないし、携帯電話は通話はもとより、メールも禁止。大勢で押し寄せようものなら、入店を断られることもある。

お皿とみそ汁と玉子をお願い。つゆだく・ねぎだくなどの余分な注文は一切認められない。玉子は普通サイズだが、お皿とみそ汁は相当に量が多い。「吉野家」の対極にある味付けは醤油の勝った甘辛味が特徴。牛肉の脇にたっぷり盛られた豆腐と白滝がうれしい。殺人的暑さの真夏日になんとか扇風機の前に座ったものの、冷房がないから焼け石に水。つゆだくの牛丼の代わりに、汗だくの自分がそこにいた。

花ぶさ

（はなぶさ）和食

千代田区外神田 6-15-5
03-3832-5387
日祝休

女将はいまだにご健在

今は亡き池波正太郎翁がこよなく愛した末広町の割烹料理店。たそがれ時に訪れてはカウンターの定位置に陣取り、くつろぎながら酒と料理を楽しまれていたそうな。この店の存在を知ったのはずっとずっと昔のこと。ところが何を隠そう、おジャマしたのは今回が初めてなのだ。行かねばならぬと心に決めつつ、気がつけば、かくも長き月日が流れていたのだった。

本書のおかげで踏ん切りがつき、電話予約を入れて、土曜の昼下がりに訪れた。親しい友人を誘っての2人連れ。品書きに目を通すと、週末の昼なのに驚くほどの廉価にして多彩な内容。本日のランチ（各1000円）は、初がつおたたき・真子がれい煮付け・車海老&穴子の天ぷら。土曜日も提供するビジネスランチ（各1500円）は、鯛茶漬け&海老しんじょ・まぐろ丼&胡麻だれうどんなど。目移り必至だが、この日の料理は予約時にお願いしてある。

注文したのは、昼の看板料理の花ぶさ膳（3675円）と池波翁が自ら名付けた千代田膳（4725円）。品数・内容ともに変わり、花ぶさ膳のお造りはめじまぐろ主体の盛合わせ、お椀がゴリの白味噌仕立て。千代田膳はアラの薄造りと鱧葛たたきのすまし碗となる。名物の海老しんじょは双方に組み込まれていた。「いらっしゃいませ、お運び下さいましてお礼申し上げます」—池波翁を接客した大女将が今も言葉美しく、笑顔で迎えてくれる。

左々舎

（ささや）和食

千代田区外神田 2-10-2
03-3255-4969
日祝休　夜のみ営業

旬の飛魚で くさやに目覚める

神田の明神下には趣きのある和食店が点在している。昌平橋通りの西側を並行して走る明神下中通りは、江戸の匂いを今に残す貴重なストリート。昔は神田同朋町と呼ばれたこの界隈は、散策するだけでシアワセな気分にさせてくれる。

情緒漂う店先にしばし佇み、店内に一歩足を踏み入れると、予想通りの風情あふれる空間が拡がる。なんだかんだと言ったところで、これが神田の名店の魅力というものだ。キリンラガーをグイッとやるうちに供された突き出しは、ふき煮・寄せ湯葉・鯛つみれ煮凍り。いずれも丁寧に作られており、穏やかな滋味を伴って、料理人の腕の冴えを伝えてくれる。

酒は新潟の菊水の純米吟醸。行者にんにくの醤油漬けをはさみ、鯛一品と称する真鯛料理がずらりと並ぶ品書きの中から、薄造りをお願いした。季節ごとに鱧やふぐも扱う「左々舎」の初夏の主役は真鯛。ほかには、刺身・桜蒸し・あら煮・塩焼き・西京漬け・天ぷら・湯葉巻き揚げ・鯛そうめんと、そうそうたるラインナップ。その薄造りには湯引いた皮と真子・白子まで添えられ、至福の一品に仕上がった。京都塚原産の朝掘り竹の子焼きも負けず劣らずの美味。そして当夜のベストが八丈島産飛魚のくさや。生まれて初めてくさやに目覚めた。むろ鯵は通年あるが、飛び魚はこの時期が旬。卓上で軽く炙ってすだちを搾り、口元に運べば一瞬にしてその口元がほころぶ。

赤津加

（あかつか）居酒屋

★ ♥

千代田区外神田 1-10-2
03-3251-2585
日祝休　第1・3土曜休

初夜が忘れられぬ

衝撃の出会いから5年の月日が流れている。居酒屋を論ずれば、右に出る者とてない太田和彦さんの著書で初めて存在を知った。2月初旬の金曜夜、1週間の仕事を納め、独りで出掛けていった。紺地に白く「赤津加」と染め抜かれた暖簾をくぐると、正面にコの字形のカウンター。その一角に腰を下ろすことができたのはもっけの幸い。ちょいと狭いが居心地はよく、無意識のうちに店内を見回さずにおれない独特の雰囲気に包まれている。いつか見たはずなのに、忘却の彼方にあった景色がよみがえったかのようだ。

ビールの大瓶に添えられた突き出しはひじき。つまみに赤貝刺し（800円）を注文すると、小ぶりで理想的なサイズの本玉だった。貝類は総じて大ぶりのものはいけない。大粒がいいのは、しじみくらいで、あさり・はまぐりでも大味になる。わさびはマゼモノながら、辛味と香気が立って極めて鮮烈。つま大根の切り方もリングイネのように平ぺったくユニーク。菊正の燗に切り替え、笹がれいの一夜干し（800円）を。こんがりほどよい焼き加減に脂のノリもほんのり。パリッと焼けたえんがわまでムシャムシャやって、頭と背骨だけを綺麗に残す。ビール大瓶1本に燗酒1合と料理2皿で、お勘定は3000円少々と良心的。

昼の定食も含めて、ときどき訪れているが、いまだに初見参の夜を忘れることができない。

酒亭田幸

（しゅていたこう）酒亭・定食

千代田区外神田 2-5-4
03-5295-2900
日祝休

カラオケだけが玉にキズ

昼は定食屋で夜は酒亭、2つの顔を併せ持つ。昼定食は日替わり1種類のみながら、料理が2品付く。その日の献立を確かめて出掛けるのは、わずらわしいが、おおよそハズレはない。一番人気は、1/4尾のさば塩焼きと大盛り野菜炒めの組み合わせ。これにあさりの味噌汁・新香・ごはんで750円。さばは上半身・下半身をチョイスできる。野菜炒めも中華料理屋顔負けの仕上がりだ。夜は飲んでつまんで、焼きそばで締めて、1人4000円で賄えるが、常連の下手なカラオケだけが我慢の限界を超える。

丸五

（まるご）とんかつ

千代田区外神田 1-8-14
03-3255-6595
月休

天ぷら屋の匂いのとんかつ屋

1年半ほど前に改装され、上野界隈の老舗とんかつ店にありがちな情緒は消えたが、そのぶん清潔感にあふれている。特徴は胡麻油を使用すること。サラダ油とのブレンドだが、店内には天ぷら屋のような匂いが立ち込めている。ロースカツ定食（1650円）は姿が美しい。揚げ切りよく、豚肉もジューシーだ。切れ味鋭いスパイシーな自家製ソースはウスターに近い。赤出しもなかなかで、熱々の炊き立てごはんはやや柔らかめながら、お米の旨みをじゅうぶんに伝えてくれる。秋葉原に数少ない佳店。

ラ・ステラ

イタリア料理

♥

千代田区外神田 6-13-11
ミクニビル B1
03-3833-9321
日祝休　土曜昼休

ギリシャとフランスの香りも

初回は6年前。白のガヴィ・ディ・ガヴィに始まり、赤はタウラージにバローロと飲み継いだ。ペコリーノ&セモリナ粉のソテーに感心した記憶あり。長くメニューに載っているトレネッテのジェノヴェーゼは、じゃが芋入りで本場ジェノヴァを偲ばせる。シャラン産鴨胸肉のローストは仏料理の領域ながら、上々の焼き上がり。残るもも肉はさすがにコンフィというわけにいかず、パスタのラグーに転用する。仔羊挽き肉と福岡ばってん茄子のムサカ風（2000円）は料理人の気概あふれる意欲作。

【名店二百選】

3 小川町・御茶ノ水駅南側

ＪＲ御茶ノ水駅から小川町にかけては東京一の学生街。フォークソングが街中に流れていたあの頃は喫茶店も雨後の竹の子状態だった。駅前から明大に続く目抜き通りにギター中心の楽器店が軒を連ねているのはその名残りか。今でも周辺にはアカデミックでナイーヴな匂いが立ち込めている。若者の似合う街と言ってもよい。学生相手の廉価な飲食店が立ち並び、高級店とはほとんど無縁の土地柄だ。

神田川に架かる御茶ノ水橋から聖橋を臨む景色も昔と変わることがない。ニコライ堂の勇姿もそのままだが、周りに高層ビルが乱立してしまい、いつのまにか建物の中に埋もれてしまった。

笹巻きけぬきすし総本店

(ささまきけぬきすしそうほんてん) すし

❜

千代田区神田小川町 2-12
03-3291-2570
日祝休　営業時間：9:00-18:30

江戸三鮨の一角を占める

赤穂浪士が吉良邸に討ち入った年、元禄15年の創業。当代は実に十二代目にあたる。江戸末期にはこの「毛抜鮓」に「与兵衛寿司」と「松が鮨」を合わせて江戸三鮨と称された。笹巻きの押し寿司は食味よりも保存を優先するために、元禄の昔ならいざしらず、今食べてもそれほど美味しいものではない。しかし継続は力なり。盛んに食育が叫ばれる現代に至るまで、江戸の食文化を守り続けてきたことに敬意を表したい。小肌も真鯛も酢より塩が勝っている。店内でも食べられるが、お持ち帰り客がほとんど。

金寿司

(きんずし) すし

★

千代田区神田小川町3-20
03-3291-2816
日祝休　夜のみ営業

意外な美味しさまぐろ脳天

駿河台下界隈では唯一キラリと光る江戸前鮨の優良店。意識的に「三丁目の夕日」にも似た昭和の雰囲気を醸し出しながら、兄と妹で切り盛りしている。つまみの皮はぎ・かつお・赤いかがすばらしかったが、旨みのもれたたこ、塩が入りすぎた新子が減点材料。まぐろの脳天を引っかいた身肉の旨さに酢めしを所望した。にぎりでは、赤身づけと焼き〆さば、そしてつまみ同様、かつおがよかった。深い味付けの穴子もいいシゴト。予算は1人1万2000円前後。二ツ星にあと半歩と絶好の位置に付けている。

山の上

（やまのうえ）天ぷら

★ ♥
千代田区神田駿河台 1-1 山の上ホテル
本館１Ｆ
03-3293-2311
無休

和朝食も お忘れなく

山の上ホテルと言えば、天ぷらと和食の「山の上」。もはやホテルの代名詞となった。古くは文壇の名士たちがこぞって逗留したが、ほぼ全員が鬼籍に入った。遠藤周作・高見順・松本清張・池波正太郎、誰一人として残っちゃいない。三島由紀夫の最後の夜もここだった。

近年は天ぷら「山の上」が輩出した職人さんの活躍が話題となっている。「楽亭」・「近藤」・「深町」、いずれも評判を呼んで活況を呈し、本家「山の上」より評価が高いくらい。

20年も前、１週間ほどホテルに泊まり、初めて天ぷらを食したときの印象は薄く、太白胡麻油にものたりなさを感じた。昨夏、独りお好みで揚げてもらった。巻き海老・稚鮎2尾・はぜ・あおりいか・三つ葉・いんげん・みょうが・苦瓜・生海胆大葉巻き・とうもろこし・穴子と食べ進み、ベストは意外にも大葉で巻いた海胆。鮨屋で食べない海胆をここでは必ず注文する。この春には東京ミッドタウンにも進出したが、ホテルの天ぷら店としては稀有なことだ。

「山の上」のもう1つの知られざる魅力は和朝食。都内屈指のホテルの朝食と言ってよい。日曜の朝、泊まり客でもないのに出掛けていった。献立は、かます一夜干し・出汁巻き玉子・明太子・もずく酢・野菜煮もの・かぼちゃ煮付け・小松菜ひたし・ちりめん山椒・小梅・新香・赤だし・ごはん。２５００円もするが、非の打ち所ない日本人のための和朝食であった。

魚ふじ

（うおふじ）天ぷら

千代田区神田小川町 3-1-19
03-3291-5327
土日祝休

上品すぎてボリュームが

天ぷら屋というよりも活魚割烹のような店名。お座敷の個室が多く、会合や密談にも最適だが、天ぷらに集中するなら1階のカウンターが一番。昼に食べた天丼（1750円）は才巻き海老・穴子・小海老と三つ葉のかき揚げ。これにふきのとう（150円）を追加。値段の割にはボリュームがものたりない。天ぷら定食（2250円）は才巻き2尾・きす・なす・ししとう・小柱と帆立と三つ葉のかき揚げで、サカナの不在が残念。上品な揚げ上がりは太白胡麻油だろう。味噌椀が上々ながら、ごはんが今ひとつ。

鰻蒲焼寿々喜

（うなぎかばやきすずき）うなぎ

★
千代田区神田小川町 3-3
マツシタビル B1
03-3291-4780
土日祝休

うれしい誤算のランチうな重

古めかしさのないビルの地下。うなぎ屋らしくもないから、期待せずに階段を下りた。うなぎ屋に行くのはもっぱら昼どき。ランチタイム限定のうな重（1575円）は3/4尾ぶん。空腹であれば上新香（420円）を取り、ごはん大盛りサービスの恩恵にあずかることにする。そのほうが丸1尾使用のうな重（2205円）より充実感が大きい。うなぎもタレもごはんも上々で、思いがけぬ誤算に調べてみると、明治42年創業の老舗だった。目の前が壁のカウンター席はあまりにもわびしい。

みますや

居酒屋

千代田区神田司町 2-15
03-3294-5433
日祝休

馬刺しにどぜうにかきフライ

　神田司町は想い出の町。学生時代にホテルでバイトをしていたときの配膳会事務所があり、月に1度は顔を出していた。明治38年創業の情緒あふれる居酒屋の前を通るたびに佇んで、一歩踏み入れようと思いはするのだが、とうとう果たせなかった。単身の若造にはちょいと敷居が高かったし、何よりも未成年だったから、法令遵守を優先したわけだ。このコンプライアンスに対する姿勢を昨今の大企業は見習ってほしい。な〜ん、ちゃって！

　それだけに初訪問の折は感慨深いものがあった。ビール好きの盟友と2人、心して暖簾をくぐる。スーパードライの大瓶が出てきて、顔を見合わせニッコリ。好きな銘柄プラスお得なサイズときては、頬がゆるむのも当然だろう。つまみは最初にエシャレットと桜刺し。にんにくでやる生の馬肉がこたえられない。トロケるというほどではないにせよ、じゅうぶんに柔らかく、ほどよい噛み応えとあとからにじみ出る滋味を味わう。お次のどぜうの丸煮は下町のどぜう専門店には及ばぬものの、過不足ない上々の出来上がり。塩味が利いて中身トロリのかきフライも冬場には」必食科目の仲間入りだ。

　神田の街はいつの時代も変わらぬオヤジの大きな味方。昼どきのお父さんたちを喜ばせるのがここの定食で、刺身・煮魚・焼き魚・牛煮込みのラインナップ。これがオール750円の大盤振る舞い。

四川一貫

（しせんいっかん）中国料理

★ 🌸

千代田区神田美土代町 11-1
03-3291-9787
日祝休　土曜夜休

ファイアーワークの達人

２００６年1月。すぐ近くの電機大学裏から現在地に移転。立地条件がはるかによくなった。店主は台湾に長期在住したH延さん。ファーストネームは「かつあき」さんというのだが、見たこともない漢字が2文字並んで、略歴も相まり、なんだかミステリアスな雰囲気が漂う。

最初の冷菜・三拼盆が初球打ちの先頭打者ホームラン。鳥砂肝・叉焼&きゅうり・棒々鶏の三種盛りだが、殊に棒々鶏のキレ味鋭いピリ辛ソースにはびっくり。鶏ナンコツの立田揚げもいいが、居酒屋チェーンも手がける料理だしなぁ。乾焼蝦仁（海老チリ）は素材の海老に問題があり、レバニラ炒めは油っこすぎた。ところが小松菜炒めは、炒めた菜っ葉がどうしてこんなに美味いんだろうの傑作。H延シェフは火の使い方の達人とみた。陳麻婆豆腐は花椒もたっぷりと、辛味と香りの二重奏。豆腐を深めに炒ってあり、小学校給食の炒り豆腐を思い出させる舌ざわり。もちろん味の点では数段上だ。あんかけ五目焼きそばは、かん水の多い麺に好感。健康ばかり気にしていては、美味いものは食えない。かん水万歳だ。この夜はライスが切れて、炒飯が食べられず心残り。たっぷり飲んでのお会計は、１人５０００円ほど。

推奨する料理を列挙すると、まずは紹興酒の友・ピータン。あっさり味付け回鍋肉。まろやか塩味スープの五色麺。最後にしいたけ主役の什錦炒飯。美食の宝庫がここにある。

龍水楼

（りゅうすいろう）中国料理

千代田区神田錦町 1-8
03-3292-1011
日祝休

ミニマム5人前はやりすぎ

名物はシュワンヤンロウという仔羊のしゃぶしゃぶとサンプーチンなる小菓子。ともにさして秀でたものとも思わぬが、店側はこの2品を売り込もうとする。しゃぶしゃぶは5人前からの受付けだし、菓子のほうも宴席を予約しなければ食べられない。要するにどちらも客寄せパンダなのだ。あざとい商法の匂いがする。鍋など即刻2人前からの注文可にすべきだろう。小龍包子はダメだが春巻は傑作。酢豚や豚マメ&レバー炒め、麺類・飯類など普通のものが普通に美味しいだけに、金儲け第一主義が遺憾。

新北京

（しんぺきん）中国料理

★
千代田区神田駿河台 1-1
山の上ホテル本館地階
03-3293-2311
無休

ビアガーデンにお取り寄せ

夏の日に冷たい中華麺が食べたくなり、ツール一麺（2200円）を試して大当たり。中細真っ直ぐ麺は最後までノビずにシコシコ。しかも町場の大盛り並みのボリューム。酸味の利いたスッキリ塩味スープは化調を感じさせず、つい飲み干してしまった。具は豚挽き・小海老・ニラのみ。ここの料理は店内で味わうよりも、夏のひととき隣接してオープンするビアガーデンに取り寄せるほうが多い。一般的に料理がダメなビアガーデンが、このおかげで都内ベストの納涼スポットに変身してくれる。

ミオ・ポスト

イタリア料理

千代田区神田小川町 2-1-13
03-3295-4500
日祝休

割安ワインに魅力あり

神田・御茶ノ水界隈のイタリア料理店のさきがけ。初訪問は1997年、ちょうど10年前のこと。ベストフレンドとガールフレンドの3人で出掛けた。金融マンだった男は今では故郷の北国に舞い戻り、タレントだった女は他家に嫁いで一児の母親。まさに隔世の感がある。

普段はネッビオーロしか飲まないのに、珍しくもカベルネ・ソーヴィニヨン主体のアニア'90年をその夜は抜いた。印象に残る料理は帆立のカルパッチョ、さばの自家製スモーク、パルマ産生ハム&いちじくの以上3品。すべてアンティで、プリモの生ポルチーニのパッパルデッレやセコンドの豚ほほ肉のクリームグラタンなどに、惹かれるものはなかった。

10年ぶりの再訪は5月。食べっぷりのいい若い衆を3人引き連れたので、なんでもかんでもドシドシ注文。ヴィンテージの明記が見当たらないランゲ・ネッビオーロが4000円ポッキリと廉価のわりに高水準。開けてすぐに1本追加した。この赤ワインはオススメできる。

アンティ・プリモ・セコンドで合計15皿はいっただろう。ポンと舌鼓を打ったのは黒豚の自家製ロースハム、仔牛アキレス腱&トマトのサラダ、仔羊ロースの鉄板焼き。今回もパスタがやや凡庸な印象。それでも神田・日本橋エリアのイタリアンでは日本橋の「ダンドロ・ダンドロ」には及ばぬものの、二番手の好位置に付けていることは確かだ。一ツ星にあと一歩。

幸三郎 花乃碗

(こうざぶろう はなのわん) イタリア料理

千代田区神田美土代町 11-8
SK 美土代町ビル B1
03-3295-5360
日祝休　第 2・4 土曜休

伊にして仏だが和ではない

店主自らイタリア風食彩を謳っているから、純粋なイタリア料理を目指しているわけではない。ランチメニューのハンバーグやステーキ、ビーフシチューやロールキャベツは町の洋食屋さながら。夜はだいぶイタリア色を帯びるものの、大葉のスパゲッティにジャーマンポテト（各1260円）など、らしくない顔ぶれもちらほら。ワインはイタリア産とフランス産が混在。一事が万事、ハイブリッドなアバウト感覚なのだが、料理は一ツ星目前の水準に達していて、アットホームな居心地も悪くない。

きなり屋

(きなりや) ラーメン

千代田区神田小川町 1-6-2
03-5295-0848
無休

スープの品揃えが多種多彩

神田・御茶ノ水・神保町界隈ではもっとも真っ当なラーメン店の1軒。らーめんは醤油・塩（各600円）ともに、しょっぱさがスープの前面に出ているものの、化調を抑えてあとくちはスッキリ。麺は中細ほぼ真っ直ぐで、プリッのシコッ。簡単にノビない点もよい。具はバラ肉チャーシューにシナチクと海苔。ほかに味噌・辛味噌・焦がし醤油が揃い、つけ麺もあるし、夏場は冷やし中華も。小ぶりの特製餃子（200円）はごく普通。どこが特製なのか判らぬが、片面はカリッと香ばしく焼けていた。

ほん田

（ほんだ）ラーメン

千代田区神田錦町 1-14
03-3292-5455
日休

安さが味を凌駕する

何と言っても300円ポッキリのラーメンに拍手喝采。しかも食券を手渡す際に必ず「大盛りにしますか？」と一声掛けてくれる。これはラーメンに限ったことではなく、ドンブリものも定食もすべて大盛りは無料。とにかくサービス精神の旺盛な優良店で、卓上にゆで玉子・小梅・キューちゃん風新香も用意されている。17～19時の間は餃子3個が無料サービス。

くだんのラーメンは醤油味のスープに中太平打ちややちぢれの麺。具はもも肉のチャーシュー・シナチク・わかめ・焼き海苔。安かろう悪かろうのぞんざいなものではなく、キチンと丁寧に作られている。値段が値段だから、多少の化学調味料には目をつぶる。ただし卓上にまで化調の小瓶を置くのはやり過ぎだ。

カリッと感には欠けるものの、6個付け200円の餃子もエラい。もっとも夕方に出向けば、無料の半餃子が待っている。けっして味がいいとは言わないが、550円のエビチリ丼には海老がいっぱい。海老は食いたし金はナシの貧乏学生にはありがたみもひとしお。塩ラーメン（450円）の人気も高い。化調がラーメンよりやや控えめのあっさり味が好印象。ドンブリものでは中華丼とスタミナ丼を推奨する。

たとえ祝日でも次から次と客が押し寄せる繁盛店。切り盛りするのは失礼ながら、会社を早期退職されたようなオッちゃんばかり。その健闘ぶりにも拍手喝采だ。

【名店二百選】

4 神保町・水道橋駅南側

水道橋—神保町間も、その東側の御茶ノ水—小川町間と並行しながら、東京一の学生街を形成している。もともと両地域を区切っても意味がないのかもしれない。神田の古書店街と呼ばれたのは駿河台下から神保町の交差点を結ぶ靖国通り一帯。20世紀初頭から多くの中国人留学生が住み着いたエリアでもあり、その頃に開業した数軒の老舗中華料理店が今でも営業を続けている。

学生のほかに出版関係者の多い一画には天ぷら・とんかつ・洋食・カレーの大衆店が目白押し。殊にカレーは和風・欧風・インド風を問わず、東京一の激戦区といわれて久しい。ヨドバシカメラ進出後、オタク相手のカレーショップが競って出店し、新カレー激戦区を自認する秋葉原より、歴史も水準も神保町のほうが、まだまだ数段上だ。

神田鶴八

（かんだつるはち）すし

千代田区神田神保町 2-4
03-3262-0665
日祝休　第 2・4 水曜休

「鮨しみづ」のルーツここにあり

テレビドラマ「イキのいい奴」を覚えておいでだろうか？　この店の先代・師岡幸夫氏が書いた「神田鶴八鮨ばなし」が原作だ。１９８７年の年明けにＮＨＫ総合テレビで放映された。その年ニューヨークに赴任して間もなく、街の日本語レンタルビデオショップから全巻まとめて借り受け、週末の2日間で見切った記憶がある。

東京に帰って飛んでいったのが帰国の翌日の昼のこと。時差ボケのせいで東京の昼は体感的に夜、日本酒は避けてビールを頼み、お好みで10カンほどにぎってもらった。つけ場の親方は想像通りの人物ながら、棚にズラリ並んだダルマのボトルキープには鼻白んだ覚えがある。

思えばこの親方の直弟子が「新橋鶴八」。間接的な孫弟子が「鮨しみづ」ということになる。結果として東京の鮨文化に多大な貢献をしたわけだ。先代の引退後は紆余曲折を経て、１度は故郷の宇都宮に引きこもった当時の一番弟子が舞い戻り、つけ場に立っている。一夜、近所の「ホイリゲ古瀬戸」でビールを飲んだあとに立ち寄った。真子がれいと蒸しあわびをつまみに菊正の燗をやる。にぎりは、あおりいか・縞鯵・中とろ・穴子・おぼろ巻き・玉子。酢めしがフワッとしたタイプで好みではない。逆につけ生姜がキリリと秀逸。遅い時間のため、小肌と春子が売り切れで、ひかりものが生鯵だけとはあまりにも鯵気な、もとい、味気ない。

六法すし

（ろっぽうすし）すし

千代田区神田神保町 1-11-8
03-3291-6879
日祝休　第２土曜休

大分産赤貝が花マル

神保町には引っ切りなしに出入りする。行く先は神保町交差点の東側に集中している。地下鉄A7番出口からすずらん通りに向かう細い抜け道に喫茶店「さぼうる」と並んでこの鮨店があり、ずっと気なっていた。本書のためにも訪ねておかねばならず、独り暖簾をくぐった初夏の夜。

突き出しの白魚でキリンラガーの大瓶を1本。白身の品揃えを訊くと、星がれいと縞鯵との応答。星がれいに「まさか！」と思ったら、案の定、石がれいの聞き間違い。そりゃそうでしょう、銀座の鮨屋でも簡単には扱えない高級魚だもの。それと縞鯵をつまみでお願いして、菊正のぬる燗。3切れずつ目の前に置かれ、どちらもまずまず。親方曰く、真子がれいでは柔らかいし、すずきでは嫌われるので、夏場の白身は石がれいとのこと。反駁はしないが、石より真子だと思うけどなぁ。お次の赤貝が花マル。小ぶりのを2個、殻から外してくれた。大分産の本玉は繊細な滋味があふれんばかり。

つけ場に立つのはオヤジさん2人。手前が親方で、常連は大将と呼んでいる。言葉遣い丁寧にして頭の回転も速い。二番手のオヤジさんもなかなかの人物だ。にぎりは、すみいか・小肌・生あわび・煮はまぐり・穴子と5カンやり、パキパキのすみいかと濃厚な煮つめの穴子が双璧。これでお勘定は7500円。予約は受けてくれないが、客はみな安心して食べている。昔の鮨屋はかくの如くであったろう。

量平寿司

（りょうへいずし）すし

千代田区三崎町 2-1-8
03-3264-6954
日祝休

いかにも神田のそれなり鮨

東京の江戸前鮨の一流店には興味深い特徴がある。銀座には銀座の、浅草には浅草の、その土地ならではの個性と一定の水準が存在するのである。神田・御茶ノ水・神保町・九段下一帯の鮨店にもその傾向が顕著。この店も典型的なこのエリアの鮨屋だ。銀座・浅草には及ばないが、地域に根ざした庶民性とそれなりのすし種が兼備されている。品書きの数はスゴいのに、江戸前シゴトは弱い。親方も二番手も愛想よく、口八丁の手八丁。けれど、にぎりに移行すると、混ぜわさびにすり替えるのだけはやめてネ。

天ぷらいもや本店

（てんぷらいもや ほんてん）天ぷら

千代田区神田神保町 2-16
03-3261-6247
隔週水曜休

貧乏学生の救い主

アッと言う間ではなく、じっくり時間を掛けて、神保町を中心に店舗数を増やしてきた「いもや」グループ。天ぷら・天丼・とんかつと3ジャンルに分かれるが、チェーン展開ではなく、独立採算の暖簾分けである。その本家本元が白山通りに面するこのお店。この値段でよくもこれほどの天ぷらが提供できるものだ。まさにインフレとは無縁の良心的な商い。永遠に貧乏学生の強い味方でいてほしい。オフィスから歩いて行けた神田須田町店が突然の閉店。ご主人が逝去されたよし。ご冥福をお祈りします。

うなぎのかねいち

うなぎ

千代田区神田神保町 1-25
03-3291-9221
土日祝休

肝吸いを別売りで

　東上野の「かねいち」店主の弟さんが経営する店。味も値段もほぼ変わらぬうなぎを提供しているが、品書きが豊富な上に、店内の整頓もキッチリなされているので二百選入り。１階はテーブルが3卓のみ。２階は小宴会ができそうだ。神保町のすずらん通り界隈は不思議とうなぎ屋が多く、日本橋の室町・本町あたりといい勝負。神田川と日本橋川からそんなに離れていないせいだろうか。

　突き出しの小海老の唐揚げでビールの中瓶を１本飲み、肝焼き（３００円）と生たら子焼き（５００円）で、白波かめ仕込みのロックを。肝焼きはそれなり。ちょい焼きで頼んだたら子には目玉が飛び出そうになった。一般的な生たら子を焼いてくれるのかと思ったら、生の助宗鱈の真子を焼いてきた。それならもっと火を通してほしかったなぁ。第一、半生で食べて大丈夫かしら…。あわてて白波をグイッと流し込んだのは自分で解毒したつもり。つまみはほかに、まぐろ山かけ・むつ西京焼き・いか里芋煮・馬刺し・しいたけバター焼きと多種多彩。

　一番廉価なうな丼（１３００円）を注文すると、３／４尾入りで来た。小ぶりのうなぎは繊細な美味しさ。残念なのは肝吸いがうな重の上（２１００円）以上でないと付かないこと。食の細い客は肝吸いにありつけず、別売りにするか、プラス２００円ほどでスイッチしてくれるといいのに。聞きそびれたが頼んでみれば、そのくらいの融通は利きそうな気もする。

松翁

（まつおう）そば

千代田区猿楽町 2-1-7
03-3291-3529
日祝休

高いが美味い そば屋の天ぷら

一ツ星にあと一歩と言うより、あと半歩。そばより天ぷらがよく、天ぷら屋なら一ツ星。

初回は二色天もり（2200円）。生粉打ちのさらしな&もりに、才巻き海老・穴子・ししとう・小茄子の天ぷら。もりにはこれと言った特徴がなく、若干コシの強まるさらしなのほうが好きだが、これとて推挙する気になれない。つゆは濃い口と薄口が揃っていても、見回す限りほとんどの客が濃い口だけを使っている。味見してみて、薄口じゃそばは食えんと実感。ハナから2種類出さずに、濃い口が苦手な客のに薄口を出せばよい。薬味は、さらしねぎ・大根おろし・本わさび・白胡麻。穴子の天ぷらがすばらしかった。ミッシリとした食感に銀宝では？　と思ったくらい。見れば水槽にめそっ子（穴子の幼魚）が群れをなして泳いでいる。鱧の天ざる、銀宝の天ざる、ともに2200円。

酒を飲むために今度は夜。エビスの生は早々に切り上げ、富山産・蜃気楼の見える街を冷酒で。そば味噌を舐めていると、運ばれた煮凍りに穴子がびっしり。売るほどウジャウジャ飼っていれば、これも当然か。もろきゅうのきゅうりの量にはたまげた。キリギリスじゃあるまいし、こんなには食べられません。生湯葉刺し、いちじく胡麻酢味噌、焼きはまぐりはみな佳品。締めの牡蠣そばの生牡蠣が疑問。軽く熱を通してプックリさせるため、4粒すべてをドンブリの底に沈めるJ. C.であった。

九段一茶庵

（くだんいっさあん）そば

★ ♥

千代田区神田神保町 3-6-6
03-3239-0889
無休

売り切れご免の五色そば

店名は九段でも地番は神保町。汐留カレッタにも支店がある。天豆と焼き海苔で浦霞本醸造のぬる燗をやりながら、焼き海苔の味に「おいおい、一流店が味付け海苔を出すのかい？」と呆気に取られかかって思い直す。どうやら自家製らしい。小鍋風の鴨胸肉タレ焼きは生玉子にくぐらせてよし。品書きにはなかった鰯の丸干しを卓上であぶる客なんぞも見掛ける。三色そば（1200円）や五色そば（1800円）が人気だが、深い時間ではしらゆきやけし切りが売り切れて、五色にありつくのが難しい。

そば切り源四郎

（そばきりげんしろう）そば

★

千代田区神田神保町 2-10-8
03-3556-1400
土日祝休

きじ汁に芋煮を思う

山形県大石田町次年子から東京に進出してきた。店を預かるのは本家のご子息のようだ。板そばとして供されるそば切り（900円）と、別にきじ汁（300円）も注文。太打ちのそばはコシがありながら粉々感も混在して、いかにも東北のそばという趣き。薬味はさらしねぎとニセわさびにサービスの大根おろし。ほかに大根ときゅうりの千切り、切り昆布と浅漬けに白胡麻なども添えられた。甘みの勝ったつゆは純朴。きじ肉・ごぼう・ねぎの入ったきじ汁は、それ以上に田舎風で山形名物・芋煮を思わせる。

はせ川

（はせがわ）定食

千代田区神田錦町 3-20
03-3291-9146
土日祝休　昼のみ営業

お替わりごはんで鮭茶漬け

　千代田通りに面したビルの1階なのに、入り口が引っ込んでいて、うっかりすると通り過ぎてしまう。カウンター12席だけの魚専門定食屋はランチ営業のみ。しかも土日はしっかりと休み、やっていけるのかと、客のほうが心配。

　愛想のいいオバちゃんに、切り身（１０５０円）とカマ（１１５０円）の選択自由な鮭塩焼き定食をカマでお願いした。それに明太子としらすおろし（各２５０円）を追加。定食は、化調を感じない豆腐・油揚げ・三つ葉の味噌汁、それなりのしば漬けと白菜漬け、ちょいと疑問の味付け海苔、卓上の食べ放題の小梅、盛りのよいごはん、熱いほうじ茶のセット。鮭カマは大ぶりで食べ出があり、大根おろしもたっぷり。そのおろしが明太子にも添えられ、しらすおろしまで頼んだから、目の前は大根おろしの洪水だ。あと先考えて小鉢を選ぶべきだが、すでにあとの祭り。

　定食のラインナップは刺身・あじ開き・銀鱈味噌漬け（各１１００円）・さば塩焼き（１１５０円）・金目鯛煮付け（１３００円）。小鉢がなめたけおろし（２００円）、半熟玉子&ほうれん草・玉子入り納豆（各２５０円）・まぐろ中落ち（３００円）の品揃え。定食に小鉢を１つ付けるのが理想的だ。

　鮭カマが余ったのでごはん半分とほうじ茶をもらい、鮭茶漬けにしてみたらアイデアの大勝利。ぜひまたやろっと。

やまじょう

おばんざい

★ ♥ ✿

千代田区神田神保町 1-32
03-3219-6780
土日月祝休　夜のみ営業

金色に輝く和風リゾット

リピーターではないJ.C.が今現在、もっとも足繁く通う店がここ。毎週木曜夜、TBSラジオのスタジオと電話で繋ぐ生放送に出演し始めて7年目。今ではこの店の電話を拝借することがほぼ毎週という有様で、お店にも常連さんにも多大なご迷惑をお掛けしている。ハナモクの夜にずっとシラフでいるのはわびしいし、酩酊しながら公共放送に出演するのも論外。ほどよく飲むには母と娘が二人三脚で切り盛りするこの店がうってつけなのだ。

刺身を置かない代わりに、突き出しが酢〆の真鯵だったり、黒胡麻で和えた真さばだったり。キンピラはごぼうではなくセロリ。酢豚も豚肉の代わりに鳥肉を使って酢鳥。女将は優しい顔をしていながら、実は一筋縄ではいかないヘソ曲がりなのかもしれない。ちょい焼きのたら子、真いわしの梅煮、豚肉の玉子とじなどをつまみに、麦焼酎・つくづくしをロックでやる。ザウアークラウトに似た味付けのドイツ風ポテトサラダで、ドミニク・ローランのニュイ・サン・ジョルジュを楽しむことも。

この店のおかげで小さい頃から苦手だった玉子かけごはんを食べられるようになった。娘のM子のオリジナルは、新鮮な溶き玉子に削り立ての鰹節と出汁醤油を落として混ぜ合わせ、さらにごはんを加えて手早くシェイクする独特の製法。気がつけば、目の前で金色の和風リゾットが光り輝いている。

多幸八
（たこはち）居酒屋

千代田区神田神保町 2-20-29
03-3263-1568
土日祝休　夜のみ営業

もつ焼き5本で300円

神保町の隠れた名居酒屋は真っ当なものを格安の値段で出してくれる。キリンラガーの大瓶ともつ焼き（300円）を注文。皿には暗褐色のタレが掛かった中ぶりの串が5本。タン・ハツ・ガツ・レバ・ナンコツと部位の異なる焼きとんを堪能できる。少々時間のかかったシウマイ（350円）は出来合いだろうが、1人前がきちんと蒸されて熱々で出てきた。6個の小ぶりなシウマイの上にはグリーンピース。誰もが貧しかったあの頃、街角の肉屋の店頭に並んでいたあの懐かしいシウマイがここにある。

さぼうる２
（さぼうるつー）洋食

千代田区神田神保町 1-11
03-3291-8405
日祝休

真っ赤な山盛りナポリタン

昭和30年創業の喫茶店「さぼうる」。その隣りの「さぼうる２」は喫茶ではなく食事処。早い・安い・旨いに、多いが加わった四拍子。名代は細切りベーコンに玉ねぎとマッシュルームの入った山盛りのスパゲッティ・ナポリタン（650円）。これにアイスもありのコーヒーor紅茶、ホットもありのミルクを付けるとプラス200円。スパゲッティはほかにミートソース・バジリコ・イタリアン。ハンバーグや豚肉生姜焼きのレベルも高い。11～23時という営業時間は、誰もが利用できる便利この上ないもの。

レストラン七條

（しちじょう）洋食・フランス料理

千代田区一ツ橋 2-3-1 小学館ビル B1
03-3230-4875
日祝休　土曜昼のみ営業

一ツ星にあと一歩の二刀流

雑誌で見たペルドロー（山うずら）のアン・クルート（パイ包み焼き）があまりにも美味しそうで即刻予約の電話を入れたのは'01年1月某日。数日後には訪れ、アルベール・グリヴォーのポマール・クロ・ブラン'97年（8000円）を抜栓してもらった。穴子&米茄子のテリーヌのカレー風味赤ワインソース、天然真鯛と岩海苔のマリネの香草添え、そしてお目当てのペルドロー1羽はボリュームがあるので、主菜はこの1皿だけにしておいた。

テリーヌのソースがユニーク。ガルニテュールのじゃが芋・ブロッコリー・プチトマトには野菜の旨みが凝縮している。真鯛はマリネと言うよりカルパッチョ。添えられたエストラゴン・セルフィーユ・ディル・ルッコラがさわやかな香気を放つ。主役のペルドローは内臓を余すことなく使い切って濃厚な滋味。ただし付合わせがクレソンだけでは淋しく、何か温かい野菜がほしい。とは言え、味わった皿数は少ないものの、一夜フランス料理を満喫した想い。支払いは2人で1万8000円と高くはない。

この店はフレンチのみならず、むしろ洋食で名声を得ている言わば二刀流の使い手。以来ランチに何度か利用している。山本益博さんご推奨の海老フライをはじめ、活け〆穴子のフライや蟹クリームコロッケ、仔羊ローストの黒オリーヴソースを楽しんでいるが、ビーフカレーのデキが芳しくないのは残念。

ランチョン

ビアホール

♥

千代田区神田神保町 1-6
03-3233-0866
日祝休

真夏と真冬に訪れる

　駿河台下で明治42年頃に洋食屋として開業したというから、そろそろ百周年だ。ランチを提供してはいるものの、ビアホールのようなレストランなのに「ランチョン」とは面妖な店名だと思っていたら、当時の常連客のネーミングと知り、それじゃ仕方があるまいなと納得。ビール好きだからビアホールは大好き。それが近年はチェーン店ばかりで、個性のあるホールがほとんど滅失してしまったのが嘆かわしい。

　ここの生ビールはアサヒ。好きな銘柄だけに夏場になると自然に足が向く。ドイツのレーベンブロイも飲める。アサヒの生中（560円）を1杯やってから、行きつけの小料理屋に河岸を変えることもしばしばだ。腰を落ち着けて飲むときに、必ず注文するのが自家製ピクルス（600円）。あとは海老か平目のフライ、もしくはメンチカツなどの揚げものが1皿。平目かサーモンのムニエル、あるいはポークソテーの焼きものも1皿。これで生中を最低3杯は流し込んでしまう。

　利用するのは夏だけではない。10月から2月の間、牡蠣のシーズンに1度は訪れる。牡蠣料理が自慢のビアレストランと言うと、真っ先に有楽町の「レバンテ」が思い浮かぶが、「ランチョン」の牡蠣もなかなかだ。生牡蠣にチャウダー、フライにチーズ焼き、牡蠣は日本酒や白ワインよりも、ビールと一緒に味わうのが自流に合っている。

紅楼夢

（こうろうむ）中国料理

♥

千代田区神田錦町 3-28 学士会館 1 F
03-3292-0880
日休

時がゆったり過ぎてゆく

中国料理店の屋号として「水滸伝」や「西遊記」では素っ頓狂。「紅楼夢」なら「夢」の字が入るし、物語自体に美女がたくさん登場するから、違和感が薄れるのかもしれない。中国史における悪夢のような最大の汚点、文化大革命の折にも毛沢東自らが奨励して読ませたという逸話が残っている。

いつ訪れても学士会館には時間がゆっくりと流れているが、会館内の「紅楼夢」もまたしかり。大きなファンが回る天井とコロニアル調の内装も、シンガポールのラッフルズホテルにいるような錯覚を誘う。

平日のビジネスランチは週替わり。主菜と小皿からなり、華（１５００円）と夢（２０００円）がそれぞれ2種類ずつ用意されていた。華の芝海老&グリーンピースの塩味炒めと、生麩&しいたけの香り漬けを注文。これに豆腐&プチヴェールのスープ、大根の甘酢漬け、ごはん、杏仁豆腐が付く。丁寧で優しい味付けは町場の荒っぽい中華料理とは一線を画して品がよい。五目焼きそば（１１００円）は、具材豊富ながら野菜は青梗菜ばかりで不満。

黄昏どきに、鶏肉&平貝の炒めもの、豚角煮の八角風味で冷たいビールを飲んでいると、店内に響き渡るカチャカチャという音が耳障り。金属と磁器が触れ合う音にピンときた。真鯛の中国風刺身を薬味と和えているのだ。グループで利用するときには注文してみよう。

源来酒家

（げんらいしゅか）　中国料理

★

千代田区神田神保町 3-3
03-3263-0331
無休

半炒飯にも手を抜かぬ

中華料理店ひしめく神保町ではこの店がベストだ。特に点心が極めて秀逸で、焼き饅頭と小籠包子は絶対の必注科目。最近、初トライした「昔ながらの春巻」がクリーンヒット。皮がカリッとクリスピーでそれ以来、必注品が増えてしまった。昼の担々麺&半炒飯セット（985円）はお食べ得。太打ちちぢれ麺使用の担々麺もさることながら、小海老・叉焼・玉子・グリーンピース入り炒飯が侮りがたい。セットの片割れの半炒飯はどの店でもおざなりなものだが、あらためてこの寧波家郷料理店を見直した。

新世界菜館

（しんせかいさいかん）　中国料理

千代田区神田神保町 2-2
03-3261-4957
無休

ランチのおかげで夜に宴会

隣りの「咸亨酒店」と向かいの「上海朝市」は姉妹店。ランチに好感を持った。1200円の定食は干焼魚條なる鱈のフリッターのチリソースに根付き野沢菜炒めを添えたもの。ボリュームと栄養バランスに優れている。ウラを返して伽哩湯麺（1000円）。この豚バラ肉&玉ねぎ入りのカレーラーメンは麺・スープ・具材すべてよく二重丸。かくして信頼感指数が格段に高まり、夜に宴会を開催することとなる。8年物の甕出し紹興酒で、かき・わたり蟹・すっぽんを味わい、舌鼓を存分に打ってきた。

咸享酒店

（かんきょうしゅてん）中国料理

千代田区神田神保町 2-2
03-3288-0333
無休

ボラティリティが高すぎる

店先の柳の木が風情を醸している。柳が似合うのは何も銀座や柳橋だけではないようだ。店名は紹興市に実在する魯迅ゆかりの紹興酒製造元に由来する。当然のことに紹興酒の品揃えは多種多彩。寧波の家郷料理を売り物としているのは近所の「源来酒家」と競合する。

初回は丸8年前。陳年の10年を飲みながら小宴会を張った。第一印象は料理の出来不出来の激しさ。経済用語で表現すれば、ボラティリティが高すぎる。以来、そのイメージは変わることがない。可を○、可も不可もないものは△、不可は×に分類すると

○—小籠包子・子墨いかの生姜風味

△—中国風ピクルス・豚肉と芽キャベツの味噌炒め・ふかひれ湯麺・野菜粥

×—海老餃子・ナズナの冷やしワンタン・油淋鶏・オヒョウの清蒸・上海焼きそば

とこんな具合になった。ともに点心の主役とも言える小籠包子が上手なのに、海老餃子は不得手。珍しい子墨いかは、生姜風味と謳っているものの、実は上出来の清蒸。そうかと思えば、肝心の鮮魚の清蒸にオヒョウなどと、大味なかれいの化け物を使う愚挙に走る。まともにつき合っていると、客のほうが疲れちゃう店なのだ。極め付きは途中でブツブツ切れてしまう焼きそば。味付けもヒドいもので、この店のワーストワン。それでも美味しいものは美味しいので、どうにかこうにか二百選入り。

海南鶏飯

（はいなんちーふぁん）シンガポール料理

千代田区三崎町 2-1-1
03-3264-7218
無休

海南島生まれで昭南島育ち

海南島生まれでありながらシンガポールの国民食となった海南鶏飯。現地ではハイナネーズ・チキンライスと呼ばれて愛されている。蒸し鶏・チキンスープ・チキンライスの3点セットで、チキンライスは日本の洋食屋とは異なり、チキンスープで炊き込むインディカ米。ほかにもサテー（串焼き）・ポピア（生春巻）・バクテー（肉骨茶）など郷土色豊かな料理が揃う。都内各地に増え続けるシンガポール料理店だが、いまだその数は少ない。チャイナとマレーとインドとユーレシアのフュージョンを楽しもう。

メナムのほとり

タイ料理

千代田区神田神保町 2-1
03-3238-9597
日祝休

炒飯よりもカレーがオススメ

店内は女性客があふれ、男性はほんの数えるほど。タイ料理店はどこも似たり寄ったりだが、特にここは顕著。プリッキーヌー（小青唐辛子）の利いたヤムウンセン（春雨サラダ）、パプーンなるタイ青菜を炒めたパットパック、こぶみかんの葉がさわやかなタイ風さつま揚げのトートマンプラー。あとはおなじみのトムヤムクンに、最後はライスもので締める。近隣の中華料理店のほうが美味しいチャーハンはそちらにゆずって、ここではチキンレッドかビーフグリーンのカレーを注文するのが正解。

共栄堂

（きょうえいどう）カレー

千代田区神田神保町 1-6 サンビル B1
03-3291-1475
日祝休

チョコレート色のスマトラカレー

大正13年創業。スマトラカレーを謳う。ルーツをたどると伊藤友治郎なる人物に行き着く。明治末期に東南アジアに遊び、その後は貿易業に手を染め、大正中期には東京駅のそばで、カレー&コーヒーの専門店「カフェ南国」を営んだという。この店の初代がそのカレーを引き継いだ。スマトラを含め、インドネシアではそんなにカレーを食べないのだが、ハウス食品もジャワカレーを発売しているし不可解だ。

それはそれとして、店主自らオススメのポークカレー（800円）を食べてみる。登場したのはカップ入りコーンポタージュ、小さめのソースポットに豚肉の浮かぶカレー、盛りのよいライス。ポタージュが熱くて舌をヤケドしそうになった。チョコレート色に照り輝くソースはサラサラで初めはまろやかな香りと口当たり。続いて苦味を伴う香ばしさ、最後にカッと熱くなる。コシヒカリ使用のライスがよい炊き上がり。ただしライスに対してソースが少なく、ソース大盛りにするとプラス200円。

この店がエラいのは、他メニューのチキン（1000円）、ビーフ・海老（各1200円）を個別に作っていること。大手カレーチェーンは絶対にマネができないから、トッピングの品揃えで客の目をごまかしているのだ。卓上の薬味は福神漬けと甘らっきょう。ナタ豆多めの福神漬けがグッド。焼きりんご（500円）が名物らしいが、食べている客を見たことがない。

メーヤウ

カレー

★

千代田区猿楽町 2-2-6
03-3233-0034
日祝休

「メーヤウ」は神保町にトドメ

店名はタイ北部の小村にあやかった。本来はタイ風カレーの店だが、インド風も提供している。信濃町や早稲田にも同名店があり、本家は信濃町。そこから各地に暖簾分けしていて、すべて独立採算制。カレー自体の風味もそれぞれ独創的だ。唯一の例外が四谷三丁目の「メーヤウ村」。信濃町の直系と言うか、姉妹店なのだが、こちらは一品料理や麺類も扱うタイレストランだ。

本書では支店展開する店をなるべく避けるように配慮している。エリア内に本店がある店は取り上げることもあるが、支店の場合は本店を凌駕しうる優れた特徴がなければならない。神保町「メーヤウ」は独立店であることと、カレーが他の「メーヤウ」から一頭抜きん出ているので選出した次第だ。

かれこれ8年前の初訪問は2人で出掛け、2種類のカレーを選べるダブルセットをそれぞれ注文してシェアしたので、タイ風グリーン（辛さ1）とレッド（同2）、インド風ポーク（同3）とチキン（同4）の計4種類を試すことが出来た。セットには千切りサラダ（大根・にんじん・キャベツ）とラッシーが付いた。豚肉の角切りと揚げじゃが芋が1つずつゴロンと入ったポークがもっとも美味しかった。

数年ぶりで訪れ、未食のタイ風カントリーをこなして5種目を制覇。30円値上がって980円になったダブルセットのもう1種は気に入りのポーク。やはりポークが一番好きだなぁ。

カーマ

カレー

千代田区猿楽町 1-2-3
03-3233-8787
日祝休

さらさらカレーが4種類

久々に訪れると、一律800円だったカレーが850円に値上げされていた。景気の緩やかな回復を反映したようだ。メニューはチキン・キーマ・野菜・サブジの4種類のカレーのみ。野菜&牛肉のサブジもいつの間にか野菜&鶏肉に替わった。売れスジはチキンとキーマ。特にキーマは合挽き肉を細かく挽いて、ほぼペースト状。他店のものとは異なる風味を味わえる。野菜たっぷりのサブジもいいデキながら、ライスとの相性が悪く、おかずの役目をはたしてくれないのが難。きゅうりのピクルスは美味。

【名店二百選】

5 飯田橋・富士見・九段

神楽坂下からＪＲ飯田橋南口の牛込橋を渡り、直進してしばらくすると靖国神社の大鳥居前に出る。早稲田通りの起点がここで、皇居の外濠と内濠にサンドイッチにされているこのエリアにはホテルや会館、大学をはじめ各学校、そして病院などが夜空の星のように点在する。皇居の水と緑を借景としていると言ってもいい。インパクトの強いグルメシーンは望めなくとも、落ち着いた街並みを散策していると、意外なところで「おや？」と思うようなレストランに遭遇したりもする。

九段坂下の牛ヶ淵、坂上の千鳥ヶ淵に靖国神社、あたり周辺の桜の美しさは東京随一かもしれない。庶民的な上野のお山や浅草の墨堤もそれなりに楽しめるが、こちらは皇室のお膝元。咲き乱れる桜もまた、気品にあふれているのだ。

寿司政

（すしまさ）すし

千代田区九段南 1-4-4
03-3261-0621
日祝休

東京で一番酸っぱい小肌

文豪・森鷗外が生まれる前年の文久元年（1861年）創業。九段下の江戸前鮨の老舗は作家の山口瞳がひいきにした。彼の好物だった小肌は強いこだわりを持って仕込む。初回の印象はよくなかった。親方が留守で、二番手だか、助っ人だか、つけ場を預かる職人が常連客と競馬談義に無我夢中。あれには辟易とした。

つまみには本わさびだが、にぎりは最初の小肌からいきなり混ぜわさび。即刻改めさせ、あじ・真鯛・穴子・赤身と食べ継いだものの、真鯛と赤身はブ厚すぎ。酢めしが先に喉を通ってしまい、その後味の悪いこと。最後にもったいぶって新子を見せてきたが、あるなら最初に出しなさいよ。ところがこれが塩と酢がバラバラのとんでもない代物。「寿司政」は終っちまったな、ほかに言葉が見つからなかった。

でも再訪した。あれは何かの間違いだったかもしれないからだ。つけ台の角の居心地の悪い席に座り、こちを薄く切ってとリクエスト。だが、やはりやや厚め。すかさずにぎりへ移行。真子がれい・赤貝のあと、小肌をおぼろと一緒にお願いすると、小肌だけはそのまま食べてくれとのこと。これがこの店のこだわりで、素直に従う。東京中でもっとも酢〆のキツい小肌は好き嫌いがハッキリ分かれようが、個人的には好みだ。前回より真っ当な職人さんに一安心だが、数軒先にある同系列の和食店「寿白」に運ばれてゆく鮨のほうが多いのは気になった。

阿づ満や

（あづまや）うなぎ

千代田区九段南 4-5-12
03-3261-4178
日祝休　第2・4土曜休

この道50年のプロが焼く

創業200年にならんとする老舗。赤坂で開業したが、震災で焼けて九段に移転してきたという。

その割にはうなぎ一筋といった風でもなく、天重や親子重は言うに及ばず、和定食まで品書きの幅を拡げている。定食は刺身・天ぷら・かき揚げと3種類あり、いずれも1900円。うな重は、竹（1800円）・松（2300円）・寿（2800円）と500円きざみで、こちらも3種類。蒲焼き・白焼きもうな重と同値ながら、ごはんセットは600円の追加料金。

うな重でもうな丼でも毎度一番安いと言うか、小さいのを選ぶことにしているので、竹をお願いした。それに肝吸い（200円）も忘れずに。うなぎは丁寧に香ばしく焼かれ、甘辛の加減のよいタレがサラリとからみ、じゅうぶんに楽しめたが、ごはんがイケナかった。柔らかめで多少ベチャッとした感じもする。和定食を提供しながら、ごはんが問題では前途多難だ。4つの釜を駆使して炊くと聞いたから、この日はたまたま外れだったのかもしれない。勘定を支払うと女将だろうか、つり銭をくれながら「また、待ってます！」――単純明快にスパッと一言。この素っ気なさが、かえって好ましい。

余談だが、後日ネットでこの店を検索中に、勤続50年に及ぶ料理長の顔写真を発見。年季の入った面立ちは四角くて、失礼ながら重箱そっくり。いかにもこの道のプロフェッショナルといった面構えが画面に映し出されていた。

むらかみ

和食

千代田区九段北 1-3-9
03-3262-1191
土日祝休

桜の季節に新さんま

2006年4月初旬の昼。さんま塩焼き定食（800円）を食べたのだが、何と根室に揚がった新さんまと聞いて腰を抜かさんばかり。千鳥ヶ淵では桜が満開の季節に新さんまが獲れるとは！これでは秋刀魚から春刀魚に改名だ。脂のノリもほんのりと、さんまの初がつお版といった感じで、とても美味しかった。初夏の夕刻、九段界隈で小一時間ほど時間が空き、軽く一杯のつもりで訪問。焼き海胆（700円）と鴨つくね山椒焼き（1200円）でビールを飲んだが、昼の定食同様に使える店だと思った。

れもん屋

（れもんや）お好み焼き

千代田区富士見 2-9-1
03-3234-0070
無休　夜のみ営業
土日祝は正午より営業

広島風はフランス風

広島風お好み焼きの人気店。小上がりより鉤形カウンターに陣取りたい。それも長いほうの一辺に。熱い鉄板からダイレクトに食べられるからだ。4人ほど座れる短いほうは皿盛りとなる。ままかり・明太子（各350円）で生ビールを飲みながら、肉玉いか天そば（950円）、ミックスお好み焼き（1400円）の焼き上がりを待つ。生地は非常に薄く、パリのクレープかブルターニュのガレットのよう。モチモチの食感が魅力で、あふれるキャベツと少なめのもやしがグッド・コンビネーション。

ル・プティ・トノー九段店

フランス料理

千代田区九段北 1-10-2
03-3239-6440
日休

ハーフプライスの魅力

九段に開業したのが6年ほど前だったろうか。その後数年を経て、今は都内に3軒。それぞれの地域の特性とうまく折り合いをつけながら、しっかり稼いでいる。本店格の九段店は朝食のサービスを打ち切り、休業日は日曜のみ。虎ノ門店はビジネスマン狙いの朝食を提供する代わりに日祝休。開店間もない麻布十番は朝食はやらないが、無休といった具合。

本家の九段店に愛着を感じる。この店のよいところはフレキシビリティ、柔軟性があるのだ。すべての料理をハーフポーションの注文可は評価したい。しかも値段がきちんとハーフプライス。他店もぜひ見習ってほしいものだ。卓越したディッシュは見当たらないが、これのおかげで、ついつい出向きたくもなる。

一時期、職場をともにしたハケンの女性2人と一緒に訪れた。どちらも下戸なので、ボトルはあきらめ、赤のグラスワインでお茶を濁す。AOCコート・デュ・ルーションを3杯ほど。注文したのはみなハーフで以下の通り。手長海老とトマトのガレット、ホロホロ鳥とフォワグラのガランティーヌ、干し鱈とじゃが芋のブランダード、ムール貝のマルニエール、オマール海老と帆立のリゾット、トゥールーズ風カスレ、ブーダンノワールとりんごのソテー、牛肉のバヴェットステーキ。あとは2人が召し上がるショコラのムースとクレーム・ブリュレを肘を付いてぼんやりと眺めていただけ。

シェラタント

フランス料理

千代田区九段南 3-6-9
03-3263-0670
日祝第３土休（他の土は夜のみ営業）

うさぎのもも肉に舌鼓

靖国神社にもっとも近いフランス料理店。ビストロ風の料理を作るのは女性のY田シェフ。店名の「シェラタント」は「オバさんの家」という意味だ。厨房は彼女が独りで取り仕切り、フロアも若い女性が独りきり。14席ほどの小ぢんまりとした店だが、ちょいとスタッフが足りないかな？　と思っていたら、ネットに求人広告が出ていた。

注文したジヴリー・シャンベルタンが品切れ。最後の1本が隣りのテーブルに出てしまったようだ。それではジヴリーと迷ったルイ・カリヨンのシャサーニュ・モンラッシェ'02年（5500円）を抜いてもらう。オードブルは田舎風パテとニース風サラダ。どちらもごくありふれた献立ながら、それだけに他店と比較されやすく、ごまかしが効かない。ともに合格点に達して、特にパテはシンプルな美味しさが際立っていた。

プラ（主菜）の1皿目はエイのブイヨン煮。これを焦がしバター（ブール・ノワール）でいただく。コリコリとした軟骨を含めて完食したが、冷めかけていたのが残念。バターももっと焦がしてほしかった。2皿目のうさぎもも肉のローストは味付けがしょっぱいものの肉質よく、じゅうぶんに楽しめた。「レクリューズ」から仕入れる自慢のチーズを見送り、デセールもパスしてのお勘定は2人で1万3800円。

Bistro MARUICHI

（びすとろまるいち） フランス料理

千代田区九段南 3-5-4
03-5213-0170
日休

看板メニューは薩摩しゃも

酒屋か味噌屋のような店名。店頭には〇の中に「市」の字のサイン。オーナーが市川さんか市原さんなのだろうか。まさか座頭市の市ではあるまい。いずれにしても垢抜けぬ名前のビストロは、炭火焼き創作料理を謳っている。

〇市ジルシはともかくとして、店先周りは小綺麗にまとまっている。店内の内装も思いのほかシンプルでオシャレ感すら漂わせている。自家製ピクルスと全粒粉のバゲットをつまみながらメニューを開くと、やはり炭火焼きのオンパレード。さんまのナンプラー干しがなかなかで、素麺のおにぎりのような山伏茸は初トライだが、食感の妙を味わえた。骨付き仔羊は脂身ばかりでこれはペケ。当夜のベストは薩摩しゃも胸肉のジュ・ド・プーレ。この仏語を直訳すると鶏肉のジュース。しゃもから出たフォンを煮詰めて濃縮したソースのことだ。薩摩しゃもは、胸肉・もも肉・ささみと3種類の部位が揃い、看板メニュー的存在と言える。安価なワイン1本を含め、予算は2人で1万円とちょっと。

この夏には日本各地の港から届いた魚介が勢揃い。千葉産・すずき&こち、大分産・鯵&いさき、長崎産・あおりいかなどだが、常磐産・石がれいは、真子がれいと違って、クセがあるから疑問。前菜に焼き鳥らっきょうとあり、ねぎ間のねぎ代わりにらっきょうをはさんだ焼き鳥かと思いきや、沖縄の焼き鳥らっきょうの見間違い。まったくヤキが回ったもんだ。

スクニッツォ！

イタリア料理

♥

千代田区富士見 2-3-1 信幸ビル B1
03-3263-7567
日祝休

野菜とトマトで健康第一

クリスマスの10日ほど前に4人で訪問。予約の際の女性の対応に好感。たまたま当日、忘年会の団体客が入っていて、騒音や紫煙で迷惑を掛けるやもしれぬが、ご了承いただけるかとのこと。この時期はどこでも似たり寄ったり、気持ちよく了承した。この女性はアシマネのS藤さん。彼女のサービスぶりもさすがであった。

地下に下りると右手にオープンキッチン、左手にテーブルが3卓ほど。広いダイニングはそのまた左の一段下がったフロアだ。そこを忘年会のグループが占めていた。それほどの騒々しさはない。趣きのある店内はイタリアンらしくもあり、アメリカの西部劇に登場する酒場をイメージさせもする。両方合わせりゃマカロニ・ウエスタンというところか。

赤ワインはバルバレスコを2本。ナーダ・コソットとソッティマーノ・ファウゾーニ。ともにヴィンテージは1999年で、お値段が8500円。厚岸産生がき、バーニャ・カウーダ、水牛のカプレーゼでスタート。女性が入ると野菜モノが多くなる。プリモはトマトソースのまぐろほほ肉のスパゲッティ、トマトクリームのわたり蟹のリングイネ。女性はトマト味がお好きだ。セコンドはゆでた白金豚のローストと蝦夷鹿もも肉のローストでワインにピッタリ。ポルチーニのリゾットは2人前お願いして、最後はふぐちりのあとの雑炊よろしく、ごはんモノで仕上げた次第。予算は1人1万円。

トルッキオ

イタリア料理

★ ♥
千代田区九段南 2-1-32
第 3 青葉ビル B1
03-3556-0525
日祝休　土曜は夜のみ営業

トルキオで打たれるビゴリ

大胆にもイタリア文化会館のすぐ隣りでの営業。店名はシェフのファーストネームのトオルとトルキオなる手打ちパスタを打つための道具の掛け合わせ。そのシェフ自らテーブルに食材を運び、料理の説明をしてくれるシステムは大歓迎。これは他店にも追随してほしい。アイスの上には焼津に水揚げされた魚介類、バスケットの中には野菜と多彩なキノコたち。ひげ鱈のカルトッチョ（紙包み焼き）とトルキオで打たれたビゴリのじんどういかとそのワタのソースの味を今もこの舌が記憶している。

斑鳩

（いかるが）ラーメン

千代田区九段北 1-9-12
03-3239-2622
日休

並んで食べるほどではない

本書に登場するラーメン店では湯島天神下の「大喜」と並んで長蛇の行列を誇る店。17時開店の15分前に到着すると、すでに17人が並んでいた。注文した煮玉子らー麺（７５０円）には肩ロースチャーシュー・シナチク・焼き海苔・半熟煮玉子が勢揃い。きざみねぎを一切使わないのがこの店の特徴だ。コシの強い麺は太めのややちぢれ。鰹&鯖節・鳥ガラ・豚骨・昆布を旨みの源泉とするトロリとしたスープはもっと熱々で来てほしい。過不足のないラーメンながら、行列に値するほどではないだろう。

高はし

（たかはし）ラーメン

千代田区飯田橋 3-11-30
03-3239-5274
日祝休　土曜は休憩なしの 18 時閉店

浮いた脂がボディーブロー

土曜の正午前で20分少々の待ち時間。隣りの客と肘が触れ合う狭いカウンターは9席のみ。塩味スープの中華そば（600円）の表面はベーコンみたいなバラ肉チャーシュー、甘さ抑えめのシナチク、油吸いまくりの焼き海苔、タップリの青ねぎで覆われていた。舌ざわりのよい細打ちちぢれ麺はノビやすいのが難点。スープも最初は美味しいのだが、浮いた脂が次第にボディーブローのように効いてくる。「お待たせしてすいませんでした」—ゴングではなく、女店員さんの一言に救われて、店をあとにした。

おけ似

（おけい）餃子

千代田区富士見 2-12-16
03-3261-3930
日祝休

餃子よりもガツがいい

餃子専門店だが、イチ推しはガツ炒め（500円）。香り・味付け・歯応えと三拍子揃って文句なし。自慢の餃子（500円）は7カン付け。焦がしたサイドはパリッと香ばしく焼き上がったが、反対側は粉々感が残って残念。もっとコシの強い皮を使ってくれるとありがたい。醤油味の八宝菜（1000円）は豚バラとガツが主役で、魚介類の不在が不満。ニラレバ炒めもイマイチ。八宝菜を玉子でとじた五目そばもどういうわけか醤油味。塩味スープのタンメンにすべきで、これはこちらの作戦ミスだ。

【名店二百選】

6 湯島・池之端

湯島と池之端。隣接する二つの町のランドマークは湯島天神と不忍池。どちらも新派チックで、古き良き東京を感じさせる場所だ。東京という都市が人の動きにつれ、東から西へシフトしてきた過去数十年、明治・大正・昭和を偲ぶよすがとして、東京人の心を往時にいざなうのは、下町以外はこの一郭、あとは本郷・根津・谷中くらいのものだろう。

土地柄、和食系の飲食店が圧倒的。ただし、粋な黒塀に見越しの松のような敷居の高いところは少なく、穏やかな風情の中に庶民性を偲ばせる店がほとんど。いざ選出してみると総合和食より、鮨・天ぷら・そば・うなぎ・とんかつと一本勝負の店が多数を占めた。2007年4月末、新丸ビル開業に合わせて湯島の小さなおでん屋が進出していった。はたしてどうなることやら…。

鮨一心

（すしいっしん）すし

文京区湯島 3-43-12
03-3835-4922
日休　祝不定休　夜のみ営業

湯島の街に銀座を見た

同伴カップルがつけ台に数組並んでいるのを見るにつけ、ここは銀座8丁目ではないかと錯覚する。「柳橋美家古寿司」の親方の薫陶を受けた鮨店にはきちんと江戸前シゴトのなされたタネが揃う。小柴ではまったく獲れなくなった蝦蛄は香川の観音寺産。最近どこへ行ってもここか玄界灘ばかり。あとは煮はまぐり。結局煮もの2品で芋焼酎の霧島をやった。にぎりは旬の新いかがベスト。黒みる貝・小肌・酢鯵・蒸しあわび・まぐろ赤身も水準をクリア。鱧の吸いもので締めて1人1万2000円。

鮨喜八

（すしきはち）すし

文京区湯島 3-36-8
03-3837-7828
日祝休　夜のみ営業

こだわり続けた羽田の穴子

湯島天神下の真っ当な鮨店。寡黙な親方と女将の2人だけで営む。麒麟山純米の常温で、子なしの蝦蛄と〆の浅い春子を。皮目の硬い春子にはもう一工夫ほしい。霜降りにした生とり貝と穴子の肝煮はまずまず。羽田沖産の穴子に強いこだわりを見せる店のお次は穴子のせいろ蒸し。これは笹の葉のよい香りが移って傑作。にぎりは、平目昆布〆・真鯛・小肌・本まぐろ赤身・カマとろづけと5カンやって小肌がベスト。初めて出会ったかつお出汁に漬けた漬け生姜は感心しない。支払いはちょうど1万円。

天庄

（てんしょう）天ぷら

文京区湯島 2-26-9
03-3831-6571
火休

店は見かけによらぬもの

明治42年創業。発祥の地は広小路店だが、時間に追われての食事ならともかく、湯島店のほうがずっと落ち着くし、雰囲気もある。本館・別館とあるので、以前は休みをずらして実質無休としていたが、効率が悪かったのか火曜休みに統一した。湯島天神の前の道路から、奥まった建物を臨むと、高級感漂う佇まいに少々気おくれするかもしれない。そんな外観とは裏腹に天ぷらはいたって庶民的な揚げ上がり。値段のほうも心配するほどのことはない。

この店ではなぜか天丼が食べたくなって、定食を食べたのは1度きり。胡麻油香る下町風の天ぷらはやはりドンブリに限る。柳橋の「大黒家」や日本堤の「土手の伊勢屋」に通ずるものがあるのだ。初回は広小路店のほうだった。そのときの天丼（１８９０円）の内容は、海老・きす・もんごいか・小海老かき揚げ・ししとう。江戸前なので余計な野菜は入れない。丼つゆ多めにきっちり蓋をしてきたから、カリッとせずにシットリという感じ。浅漬けのたくあんがヤケに美味しかった記憶がある。

直近は2カ月ほど前の湯島店本館。独りカウンターで一番廉価な天丼（１５５０円）を所望した。才巻き海老に穴子が半尾、もんごいかと小海老かき揚げにししとう。毎度ほとんど内容が変わらない。しじみの白味噌椀とたっぷりの新香がありがたい。唯一の欠点は硬くて味気ないもんごいか。これだけは除外してほしい。

池の端藪蕎麦

（いけのはたやぶそば）そば

★ ♥

文京区湯島 3-44-7
03-3831-8977
水休

絶対外せぬ いそゆきそば

先代が昭和29年に「並木藪蕎麦」から分離独立して開いた。東京の藪御三家の中ではここが一番好き。居心地の点では三者三様、甲乙つけがたいのだが、そばもつゆもつまみもこの店のものが好みに合っている。ただほかの2軒が神田の旧連雀町と浅草の雷門前という情緒あふれる土地柄に恵まれているのに、上野仲通りの風俗街というロケーションは大きなハンディキャップ。とは言っても通りを1本北へ抜ければ不忍池だ。そしてその向こうには動物園・美術館・コンサートホールが並んでいる。気に入りの場所に足を運んだあと、この店の小上がりでゆるりと楽しむ酒とそばは、何ものにも代えがたいものがある。老舗にはなじみの薄い若者たちにもストレスを与えないサービスは接客の基本、その点も高く評価したい。

最初から菊正の燗。練り味噌と焼き海苔でまずお銚子を1本。そば苗ひたしとすいとろでもう1本。そば苗はいわゆるそばの貝割れのこと。すいとろはすりおろしたとろろを出汁でのばして吸いもの仕立てにしたもの。それぞれぬる燗に実によく合う。この店ならではの必食アイテムは、いそゆきそば（750円）。冷たいそばを卵白に絡ませ、青海苔をかけたものだが、滑らかな舌ざわりが快適だ。漢字で書くならおそらく磯雪そばだろう。青海苔の「磯」、卵白の「雪」、言いえて妙のネーミング。よそでは味わうことのできない名品である。

手打古式蕎麦
（てうちこしきそば）そば

文京区湯島 3-20-5
03-3836-5229
月休

そばつゆを使わぬもりそば

もりそば（850円）もあるが、せっかく古式蕎麦を名乗っているのだから、古式もりそば（950円）を注文する。運ばれたのはポルチーニかココアでも打ち込んだタリオリーニかと思われるもの。大根おろしの搾り汁・生醤油・あさつき・本わさび・削り節でいただく。食感は多少ボソつくものの、噛みしめると香りが鼻腔に抜ける。温もののかけ（650円）と花巻（800円）がなぜか割安。店頭の写真は山揚げそば（1200円）。おろして揚げた山芋をかけに乗せたもので、この店の名物。

竹や
（たけや）うどん

★
文京区湯島 1-9-15
03-5684-0159
日祝休

明るいうちに鴨汁うどん

昼と夜では雲泥の差。一ツ星は昼のうどんに捧げるもので、夜のヒドさに＋－ゼロと相殺も考えたが、そいつはちとつれなかろうぜ、と思い直す。7年前の初訪問が衝撃的。一発で鴨汁冷やしうどん（950円）にぞっこんとなった。うどんの艶・コシ・冷たさに非の打ち所なし。七色を振り、生醤油を垂らしただけでも、おそれ入谷の鬼子母神。加えて鴨汁のすばらしさ。茄子とごぼうがひんやりと口中に涼風を注ぎ込む。ウラを返した夜は酒肴に冴えなく、客層に恵まれず、平凡な居酒屋と堕していた。

すきうどん
満川

(みつかわ) うどんすき

文京区湯島 2-26-1
03-3831-5018
土日祝休　夜のみ営業

コース仕立てにする意味はナシ

　すきうどんとはうどんすきのことで、両者に何の違いもない。湯島天神の鳥居から歩いて1分ほど。玄関を入ってすぐのモダンな建物と平屋建ての日本家屋が隣接している。接客の女性たちは物腰柔らかく、丁寧で好感が持てる。最初のビールの品揃えがアサヒの熟撰とサントリーのプレミアムモルツと聞いて愕然。どうして重いビールだけを置くのだろう。われわれ4人応えて「どっちでもいいッスよ！」—かなり投げやりになってしまった。

　3種類のコースのうち、最も安価な4200円のコースでいく。すきうどんの前に料理が3品供された。前菜は、絹かつぎ・小海老と独活の白和え・鴨ロース。続いて平目とたこの和風カルパッチョ。そして3皿目は三者択一の鮎塩焼き・米茄子田楽・豚三枚肉角煮。寄せ鍋でもすき焼きでも、鍋の前の料理ではあまり美味しい思いをしていない。ご多分にもれず、やはりそれなりのものでしかなかった。

　ところが本日の主役が頑張った。出汁よし、具よし、うどんよし。これなら初めからすきうどんを出してくれたほうがよほどいい。はまぐり・小海老・鶏ささみ・うずら玉子・湯葉・よもぎ麩・がんも・餅巾着・しいたけ・竹の子・にんじん・春菊など数えてみたら17品目。昼の営業はないから、夜に2415円のすきうどんだけというのは頼みにくい。それでも勇気を振り絞るのが、この店を楽しむ最良の方法だ。

小福

（こふく）うなぎ

★ ❀

文京区湯島 3-36-5
03-3831-7683
日休

小さん師匠のヒズ・ドンブリ

創業半世紀を超えるうなぎの老舗だというのに、あまりメディアには登場してこない。先代の人間国宝・柳家小さん師匠がひいきにした店である。お重を嫌った師匠は瀬戸物のドンブリを自分で持ち込み、それによそわせたうな丼に舌鼓を打っていた。そのヒズ・ドンブリが今も店内に置かれている。なかなかの食通で「ふぐの刺身は旨いが、鍋ならあんこうだよ！」―テレビで語っていたのを思い出す。二・二六事件のときは一兵卒として狩り出され、帝国ホテルの炊き出しのライスカレーなんぞも食べたと、日経新聞の「私の履歴書」に書いていた。

つくばいを配した玄関先。長い紺地の暖簾をくぐると言うより分け入って、引き戸を引いたら目の前は帳場。その奥が厨房で、客は2階に通される。馬蹄形のカウンターに腰を落ち着け、視線を落として驚いた。カウンターの中は錦鯉が泳ぐ池だった。鯉の洗いや鯉こく用かと、真鯉の姿を探してみたが、錦鯉や緋鯉ばかりで一安心。さっそくビールの中瓶と2本付きの肝焼き（1050円）。うな重は2100円の1尾入りを所望。1尾半は3150円となる。うなぎの焼き・蒸しにはキチンとした仕事がなされ、タレ・ごはん・肝吸い・新香も水準が高い。夜にウラを返して、刺盛りと毛蟹で吉野川の冷酒を飲む。白身・まぐろ・貝類・毛蟹、すべてにおいて良質揃い。ここなら刺身定食も間違いのないものが食べられる。

こなから

おでん

文京区湯島 1-9-6
03-3816-0997
日祝休　夜のみ営業

独創的なおでん種

夜毎客足の絶えないおでんの佳店は新丸ビルにも進出して意気盛ん。日本橋の三井タワーには「おぐ羅」も入っているが、高層ビルで庶民的な食べものを食べる時代になったようだ。もっとも「おぐ羅」は地下だけど。他店では見掛けない個性的なおでん種が並ぶ。たら子を包んだはんぺん、黒胡椒で食べさせるナンコツ入り鶏スパイスつくね、麻雀の点棒のようなごぼうをまとめて揚げたごぼう天、驚きの連続だ。餡子を使ったあんこ玉さんは、ちょいと調子に乗りすぎだろう。それよりも化調を感じるつゆが気になって仕方がない。

いづ政

（いづまさ）和食

★
文京区湯島 3-38-3
03-3832-3210
日祝休　第2土曜休

一夜干しは焼きびたし

店主はある日突然に店をたたんだ銀座「出井」の出身。修業先よりシンプルな和食の美味しさを追求しているようだ。かますの葛たたき椀、かきの南蛮漬け、新竹の子の炊きもの、柳かれいの一夜干し、初回から魅了されっ放しだった。ただし、刺身の平目と鯨尾ノ身はさほどではなかった。生モノが一流鮨店の水準に達すれば、二ツ星の獲得となろう。出汁を張って焼きびたしで供される一夜干しがこの店の個性。主人曰く「飯のおかずなら醤油もいいが、酒の肴には強すぎちゃって」—まさに慧眼である。

多古久

（たこきゅう）おでん

★

台東区上野 2-11-8
03-3831-5088
月休　夜のみ営業

蝦蛄爪に往時がよみがえる

明治37年創業。東大前の「呑喜」に遅れること17年、東京で二番目に古いおでん屋になる。初めて訪れたのは四半世紀以上も前。食べ歩きに目覚め、美味しいものを探し求めて、日が沈むと都内各所に出没していた懐かしくも楽しい時代だった。記憶が確かならば、当時この店は20時過ぎに店を開け、23時頃には暖簾をしまっていたように思う。大きな銅鍋の前には亡くなった先代がどっしりと構え、入り口近くに女将さんが陣取って、客はおそるおそる女将の顔色をうかがいながら、入店の許可をもらうのだった。何せ、虫の居所が悪いと空席があっても入れてくれないのだから、客はまるで箱根の関所か、ケネディ空港の入国管理を通過するような心細い気持ちになったものだ。

20年ぶりにおジャマした。すでに店主の姿なく、大鍋を取り仕切るのは忘れ得ぬ大女将。面影が残っていても角が取れたように思う。まずは褒紋正宗の熱燗と小肌酢。甘酸っぱい小肌は好きだが、わさびがニセモノ。先代は蝦蛄爪にも本わさを添えてくれたけれど…。おでんの白滝・つみれ・ふき・牡蠣はみな花マル。

一夜「呑喜」のあとに、おでんのはしごを試みた。すでにキンシ正宗のせいで酔いが回っている。それでもなお褒紋正宗のぬる燗。〆さばが上々。ここで蝦蛄爪がスッと出されたのだった。一瞬にして往時がよみがえる。月日は百代の過客にして、行き交う年もまた旅人なり。

江知勝

（えちかつ）すき焼き

文京区湯島 2-31-23
03-3811-5293
日祝休　8 月の土曜休　夜のみ営業

安いほうが好みなのだが…

　明治4年創業。当時の牛鍋の味を今に伝えているそうだ。その時代にこんなに立派な霜降り牛肉があったとも思えないが、揚げ足を取っても始まらない。割り下やザクは昔ながらのものなのだろう。すき焼きのみならず、当然のようにしゃぶしゃぶも提供し、5年ほど前には鳥肉のすき焼きも始めた。どことなくBSE対策の匂いが漂うが、ゲスの勘ぐりは自省しよう。

　5月で夏日の蒸し暑い夜。浴衣を羽織り、下駄を鳴らしておジャマした。「5月に浴衣は早かろう」と言われても、浅草っ子には三社が終われば夏なのだ。「下駄ですからすぐ判りますけどね」そう言われながらも一応下足札を受け取る。鯉の泳ぐ池に臨む和室に落ち着いて冷たいビール。客が選べるよう全銘柄が揃っていた。これこそが優良店の作法というものだ。

　当夜は違いを確かめるために７３５０円と１万５００円の2種類のコースをお願い。肉質以外にも高いほうには前菜が1品増え、刺身の内容もグレードアップされて、最後にはマスクメロンまで登場した。割り下を張ったら、まずザクを軽く煮て、そのあとに牛肉を加えるスタイル。煮詰めすぎてはならじと、しゃぶしゃぶのようにサッと肉を泳がせ、すかさず溶き玉子にくぐらせる。脂の薄い安いほうの肉が美味しかったが、相方はその逆だと言い張る。とんかつに例えれば、ヒレとロースほどの差があるけれど、所詮こういうものは好きずきだ。

ととや

和食

文京区本郷 3-31-3
03-3813-5514
日祝休　土曜は夜のみ営業

貴方まかせの夜だから

いまだ無名の和食店。活魚がウリだが和牛に冬場はふぐも扱う。やり手で気の利く女将に、いきなり「お店まかせ？　貴方まかせ？」と訊かれたのには面食らった。要するにおまかせかアラカルトかという意味だ。当然「貴方まかせ」でゆく。刺盛りは真鯛・青柳・海胆・赤身・カマとろの内容。いずれも良質ながらニセわさびがあまりにも惜しい。このクラスの店は絶対に本わさびを使わなくてはいけない。メインのサカナは種類と料理法が選べるシステム。真子がれいの煮付けと銀鱈西京漬けを選択した。

シンスケ

酒亭

★

文京区湯島 3-31-5 湯島 3315 ビル 1・2F
03-3832-0469
日祝休　夜のみ営業

きつねと田楽でやる両関

湯島の象徴とも言える酒亭。東京を代表すると言ってもよい。大正14年の創業以来、1階ではビールと日本酒だけを提供。ブームが到来して久しい焼酎は2階でしか飲めない。何としても店の伝統を守り抜こうとする姿勢に、店主の気概と矜持が如実に表れている。きつねラクレット（950円）と生麸の田楽（600円）が二大好物。油揚げの中にグリュイエールを忍ばせて素焼きにするきつね。よもぎ・胡麻&木ノ芽・プレーンと3本セットの田楽。この2品だけで、両関の燗がスイスイいけてしまう。

井泉本店

（いせんほんてん）とんかつ

文京区湯島 3-40-3
03-3834-2901
水休

昭和の風が吹き抜ける

とんかつ発祥の地・上野には相当数のとんかつ店がひしめいているが、雰囲気的にもっとも好きな店がここ。都内各地に点在する「井泉」や、ここから出た「まい泉」もかなりの数に上るものの「井泉本店」の風雅な魅力に太刀打ちできる店舗はない。古き良き時代の濃密な空気が流れている。とりわけ気に入っているのが2階の座敷。昭和30年代までこの部屋で芸者衆が踊っていたというが、さもありなん。小津安二郎の愛した「蓬莱屋」よりも、小津映画にふさわしいシーンを見ることができよう。

夭折した川島雄三がメガホンを取った「喜劇・とんかつ一代」のモデルがこの店だと確信している。ここで撮影したフシのあるカットが少なくないからだ。森繁・のり平・フランキーの芸達者に、女優陣も淡島千景・団玲子・池内淳子が絡んで楽しい映画だった。

一夜、２階に男４人が集まり、飲み会を開いた。特ロースカツ（１６００円）は柔らかいが豚肉のコク味がいま一つ。蟹肉入りのオムレツ（８００円）がトロリと上出来で当夜のベスト。上かつ丼（１３５０円）のアタマをつまみにすると、玉ねぎではなく、長ねぎの使用が珍しい。ユニークなのは鳥の唐揚げ（８５０円）。きざみねぎをコロモ代わりに揚げてあった。

部屋を吹き抜ける初夏の風が涼やか。小津ファンも川島ファンも昭和5年創業のこの店を訪れて損はない。

蘭亭ぽん多

（らんていぽんた）とんかつ

文京区湯島 3-37-1
03-3831-6203
月休

揚げものばかりのお品書き

「井泉本店」のすぐ近く。定休日が異なるので、ウッカリ休みの日に訪れてしまった客を相互補完できるメリットがある。店名から容易に推察できる通り「ぽん多本家」の流れを汲む。明治38年創業の「本家」に対し、「蘭亭」が店を開いたのは戦後間もなくの昭和21年。もうその頃には食材の豚肉が入手できたことになる。「蘭亭」の名の由来は二代目の蘭好き。ここで蘭の販売も手掛けているそうだ。

ビールの品揃えが豊富で、生はサントリーのプレミアムモルツ、中瓶はアサヒのドライとキリンのラガー、ほかにドイツの小麦を原料とするヴァイスビールの小瓶までも。

特製とんかつ（３５７０円）には度肝を抜かれた。単品でこの値段だから、かなりのサイズと想像したものの、丸々太ったコロッケのお化けが登場したかのようだ。肉汁たっぷりにして豚ロースの匂いが強烈。脂身はほとんどないから、シツコくはないが、独りなら上とんかつ（２４１５円）くらいが無難。１５００円均一のランチがオススメで、ロースカツ・海老フライ・帆立フライ・かきフライ（冬期のみ）のラインナップ。ロースカツなどこのサイズでじゅうぶんだ。味噌椀はけっこうだったが、新香がきざみたくあんで貧相。別売りの新香（２００円）を頼まざるをえない。もう１つの難点がメニュー幅の狭さ。せめてポークソテーとハンバーグくらいは用意してほしい。

御茶ノ水
小川軒

（おちゃのみずおがわけん）洋食

文京区湯島 1-9-3 ユーメリアビル B1
03-5802-5420
日祝休

牛肉ばかりの肉料理

「小川軒」と聞くと真っ先に代官山の「小川軒」が思い浮かぶ。女性ならレーズンウィッチの新橋と目黒の「小川軒」だろう。それほど美味しいとも思えぬこのお菓子は、すべての「小川軒」で売られている。ややこしいので整理しておくと、本家筋は三兄弟の長男が受け継ぐ代官山。暖簾分けの新橋・目黒が次男、御茶ノ水が三男、そして鎌倉が縁戚筋。天ぷらやとんかつでは多々あることだが、洋食の世界では珍しい。『古き良き東京を食べる』がカバーする地域内にあるのは「御茶ノ水小川軒」ただ1軒。店名通りに最寄り駅は御茶ノ水ながら、地番は湯島1丁目。湯島天満宮（湯島天神）の御祭礼の夜に赴くと、土曜だというのに満員御礼の満席状態。たかだか20席ほどのレストランながら、天満宮のご利益のおかげかもしれない。

ビールの小瓶を2本飲み干したあとはリストにシモン・ビズのサヴィニー・レ・ボーヌ・レ・ブルジョ'02年（7770円）を見とめてニッコリ。即座に抜栓を依頼する。サーモンと真かじきのスモーク、フォワグラ入り豚肉のリエットはそれなり。オススメのはずの舌平目のムニエルは入荷無く、魚介は海老フライと真鯛のポワレのみ。肉料理も仔羊のグリル以外は、シチュー・カツレツ・ストロガノフ・ステーキと牛肉一辺倒。家禽類が不在では時代に取り残されてしまった感あり。これもまた昔ながらと言われてしまえば、それまでだが…。

蓮風

（りんふう）中国料理

台東区上野 2-11-18 ホテルパークサイド B1
03-3831-3666
無休

はたに勝るサカナはナシ

3つの池に分かれている不忍池の蓮池が目の前にあり、「蓮風」という店名はそれに由来するのだろう、ケレンのない堅実なネーミングだ。すぐ近くに中国料理の老舗「東天紅」が控えているにもかかわらず、果敢に挑んでそれなりの成功を収めているのは大胆不敵。

大好きな鮮魚の清蒸をメニューに載せている希少な店なので、期待に胸弾ませて出掛けて行った。最近でこそ、清蒸という広東料理の看板を手掛ける店が増えてきたものの、まだまだ少ないという感が否めないし、魚種の取り揃えもものたりない。その点、この店の入り口に並ぶ数々の水槽には驚かされた。真鯛・平目・いさき・車海老・すっぽんなどが泳いでいる。ただし、肝心かなめのはた類が不在。真はた・紅はた・あずきはた・ねずみはた、はたにも色々あるけれど、いずれも清蒸には最適なのだ。

水槽に真鯛の姿を見とめて、中国風活造りが一瞬脳裏を掠めたが、思いとどまった。もしも石鯛だったらゴーサインが出たところだ。代わりに車海老をサッとゆでた白灼蝦でスタート。紹興酒は陳年の中南海を選ぶ。あわびではなく、とこぶしだった酔鮑魚、黒酢で仕上げた排骨（スペアリブ）を経て、本日の主役・平目の清蒸（1万1000円）が登場する。醤油も香菜も使わない肩透かし気味のアッサリ仕立てに満足度も中くらいの晩餐となった。誰が何と言おうが、やっぱり清蒸は、はたに限ります。

古月

（こげつ）中国料理

台東区池之端 4-23-1 山中旅館内
03-3821-4751
不定休（毎月変更）

コース料理は玉石混交

会席中国料理を謳う。コース料理を組み込んだ山中旅館の宿泊プランも用意されている。昼の食事はランチと呼ばずにティータイム・メニューと称し、デザート以外はディナーと寸分変わらぬコースが割引料金で楽しめる。出てくる料理はみな個性的。玉石混交のそしりを免れないムラっ気を改善してほしいが、独創性を評価しての二百選入り。淡雪仕立てのふかひれスープ、シンプルな清湯ともによいデキで、スープ系が秀逸。蛇のようなうなぎの豆鼓蒸しだけは、いかんともし難く、気分が悪くなった。

コーダリー

フランス料理

台東区池之端 1-6-19
03-3828-3006
月休

ホテルマンが独立開業

不忍池のほとりの大魔神、ホテルソフィテルの閉館（建物は残存）に伴い、メインダイニング「プロヴァンス」のスーシェフとソムリエが独立開業。ホテルのすぐ裏手に格好の物件がよくもあったものだ。オープン間もないせいか、メニュー幅に限界があるが、料理は概して良好。ポンソのモレ・サンドニ'98年（9800円）とマッチした仔羊とフォワグラのテリーヌがコンビーフのようで印象的。ほうぼうと的鯛のポワレ盛合わせは似たもの同士で退屈。斬新に白身と青背を組み合わせてみてはいかが？

ラ・サエッタ

イタリア料理

台東区上野 1-3-5
03-3832-1311
日祝休

バスケットにパンが5種類

毎週月曜から金曜まで、邱永漢さん主宰のネットサイトに「食べる歓び」と題するコラムを執筆している。たまたま読者のI原伸浩さんから紹介されたのがこの店。厨房を預かるのはI原さんの黒門小学校の後輩クンとのことだった。地番は上野1丁目でも、ずっと神田や湯島寄り。裏道にひっそりとあって迷いそうだが、千代田線・湯島駅の6番出口からなら徒歩1分。

さほど広くない店内は2ブロックに仕切られ、分煙化されていた。ブラウンマイスターの生で喉を潤す。赤ワインは気に入りのコッポ社のバルベーラ・ダスティ・カンプ・デュ・ルス'03年（7000円）。同社のポモロッソほどではなくとも、いい香りが立ち上った。自家製パンにこだわり、フォカッチャ・全粒粉・黒豆玄米・グリッシーニ、はてはイングリッシュマフィンまで登場したのには口をあんぐり。アンティは、縞海老とずわい蟹とアヴォカドのサラダ仕立て、ほうぼうのカルパッチョ、切り出しのハモン・セラーノの3皿。先ほどまで活きていた縞海老がとろりと甘い。主菜はまず仔羊緑のロースト。妙な料理名は仔羊に香草のコロモをまとわせてローストしたもの。余分な脂身を外してあり、ジューシーな赤身を堪能する。宮城牛のタリアータは脂がノリすぎながら、こういう肉質が大好きな相方は大喜び。蛍いか・あさり・帆立入りの手打ちフェデリーニで仕上げ、2人で2万円と少々のお支払い。

デリー上野本店

（でりーうえのほんてん）
インド・パキスタン料理

★

文京区湯島 3-42-2
03-3831-7311
無休

デリーよりもカシミール

　昭和31年にこの地で創業。上野本店の地番は湯島。当時は千代田線の湯島駅はまだなく、銀座線の上野広小路が最寄りだったのだ。昭和30年代前半のカレーと言えば、今も大手のハウスとSBが幅を利かせていたが、オリエンタル・ベル・キンケイなどもポピュラーだった。どんな味だったのか、もう1度食べてみたい気がする。

　本店のほかには銀座みゆき通りと六本木ミッドタウンに支店を構えている。レトルトカレーの製造にも力を入れていて、高級食料品店に限らず、スーパーなどでも比較的簡単に入手可能。通常ありがちなレトルト化による味と香りの劣化が最小限のため、たまに買い求めている。

　初回はデリーカレー（800円）。店名を冠しているのだから、これが看板メニューと勝手に決め込んでの注文だ。エキゾチックなサラサラソースと大粒日本米とのコラボに多少の違和感があるが、もしも昭和30年代にインディカ米を使用していたら、当時の大衆にはとても受け入れられなかったろう。具のチキンもじゃが芋も本来の風味を保っているのが好ましい。

　再訪してカシミールカレー（900円）。一口目はオヤッ？　っと思ったほどコク味に欠けたが食べ進むうち、次第にインパクトが強くなる。チリ&ペッパーの辛味とカルダモンの香りがカシミールの特徴。この日をさかいに「デリー本店」は、ずっと好きな店であり続けている。

池之端松島

（いけのはたまつしま）ラーメン

台東区池之端 2-7-5
03-3824-3151
日休

さりげなさが魅力のラーメン

闇に浮かび上がる「らーめん松島」の提灯が目印。時代劇の御用提灯さながらで、市川雷蔵主演「弁天小僧」のラストシーンを思わせる。数種類あった炒飯がメニューから消えた代わりに担々麺が加わった。だが何と言ってもこの店の最大の魅力は、あっさり醤油味のラーメン（600円）。具は大きめのもも肉チャーシューに細切りのシナチクのみと、いたってシンプル。中太平打ちややちぢれ麺に、出しゃばらないスープがしっくりと合う。ネギ塩ラーメン（700円）も、負けず劣らずの佳品だ。

らーめん天神下大喜

（てんじんしただいき）ラーメン

★

文京区湯島 3-47-2
03-3834-0348
日休　祝日は昼のみ営業

品揃えは多種多彩

酒亭「シンスケ」のはす向かいにある、クルマの排気ガスは悩みの種だが、長い行列はもうすっかりおなじみで、毎度待たされることにももう慣れた。らーめん（680円）の具は肩ロースチャーシュー・シナチク・焼き海苔・味付け玉子・貝割れ大根。極細の真っ直ぐ麺に魚介の匂いがプーンとくる醤油スープが日本のかけそばを連想させる。メニューの種類がとてつもなく多彩で、これがリピーターを養成する活力となっている。店内を仕切る中国人女性が八面六臂の大活躍で、こちらはただただ唖然とするばかり。

【名店二百選】

7 本郷・弥生・根津

この地域のランドマークは東京大学と根津神社。明治政府と徳川幕府、相容れない者同士がこしらえた遺物が共存しているのは興味深い。しかもともに「遺物」というより「偉物」と呼んで差し支えのない傑作だ。そこはかとなく文化の香り漂うのはこの土地の特徴。文明はもとより、文化さえも一日にしてはならぬもの。

二百選の選出にあたって、意表を突かれたのはそば屋の多さ。神田や神楽坂よりもそばの名店が目立ち、日本橋や浅草と大差ない。そして新興勢力ながら、うどんも水準の高い店が散見された。

湯島のおでん屋同様に、根津の串揚げ屋も新丸ビルに出店した。多大なる興味を持って、今後の二軒を見守ってゆきたい。

鮨すず木

（すしすずき）すし

★ ♥

文京区本郷 2-31-1
03-3817-7711
日休　祝日の月曜休

本郷一の江戸前鮨

週に1度は顔を出す神保町「やまじょう」のカウンター。隣りに座った一見客と女将との会話を聴くともなしに聴いていた。どうやらこの御仁は東京を訪れるたびにJ. C.オカザワの著書を片手に食べ歩きを重ねて「やまじょう」もその縁だとおっしゃる。ハナシが本郷の「鮨すず木」に及び、思わず聞き耳を立ててしまった。すると「本郷の鮨屋はとてもよかったです」となってホッと一息。紹介した店が読者に喜ばれるのはうれしいものだ。

本郷壱岐坂の1本北側を平行して走る商店街は下町と山の手の空気が入り交じり、独特の雰囲気をかもすストリート。中ほどでこの鮨店を見つけたとき、「こいつは間違いがない！」と確信した。間口一間ほどの店先に、小粋なセンスがあふれていた。しかも清潔なこと、この上ない。これだけで必要十分条件を満たしている。あとは食べりゃいいだけのこと。

鮨屋ではほとんどの場合、つまみを白身で始める。夏の初めの真子がれいと鯒《こち》が甲乙つけがたい。白身の充実している鮨屋に出会うとついほほがゆるんでしまう。

中とろと芽ねぎを合わせ、岩塩と黒胡椒で食べさせる一品は、造り手の非凡な才能を感じさせる。にぎりも小肌・穴子は江戸前シゴトがキッチリなされ、すり身を使わぬ出汁巻きタイプの玉子は好まないのに、この店のものは美味しくいただけた。飲んで食べて1人1万2000円見当。

鮨処けい

（すしどころけい）すし

文京区根津 2-16-2
03-5685-0933
日月休　月曜が祝日の場合は営業

にぎり重視の中級店

地の利を活かして、にぎり重視の経営方針を貫いている。谷根千界隈には鮨店が少ない。地元の人々は鮨屋で酒を飲む習慣がないのかもしれない。昼のおまかせにぎり（２５００円）は言わば、大衆店と高級店のちょうど中間にある価格帯。使う鮨種は高級店に匹敵するほどだからお食べ得だ。夜に飲んでつまんで、にぎってもらって１人６～７０００円で済む。にぎりは、鯒・きす昆布〆・小肌がよかった。赤身を頼んで、中とろが出てきたのは減点材料。玉子も江戸前のすり身入りに切り替われば理想的。

手打そば 田奈部

（てうちそばたなべ）そば

文京区本郷 3-35-6
03-3814-0218
日休　祝日は夜のみ営業

黒い尻尾が気にかかる

湯島天神そばの「ビストロ・タントマリー」が日本そばに手を染めて開いた店。せいろ・かけは各７５０円。海老か穴子を選択できる天せいろ（１５００円）と五目ごはん（１５０円）を注文。そばは中太で強烈なコシ。あごが疲れるほどだが、すぐにノビ始めて適度の硬さになる。鰹出汁の利いたつゆは甘みを撤廃。薬味はさらしねぎと大根おろしに、おろし置きの本わさび。海老天の尻尾の黒ずみが気になる。鳥肉・こんにゃく入りの五目ごはんが柔らかく、味付けもぼんやり。ぎりぎりで二百選入り。

晶文社の読書案内

J.C. オカザワの
『古き良き東京を食べる』の読者のために

この目録は2007年11月作成したものです。
定価は税込みです。これ以降、変更がある場合がありますのでご諒承ください。
目録掲載図書のご注文には、愛読者カードの表記の購読申込書が便利です。

★は日本図書館協会選定図書
☆は全国学校図書館協議会選定図書

晶文社
東京都千代田区外神田 2-1-12
電話 03-3255-4501
URL　http://www.shobunsha.co.jp

J・C・オカザワの
下町を食べる――下町の名店二百選

J・C・オカザワ著

住まいは柳橋、子どもの頃は深川でも暮らし、大人になって遊んでいるのが浅草。切っても切れないのがJ.C.オカザワと下町。すし、天ぷら、うなぎ、蕎麦はいうに及ばず、どぜう、馬肉にいたっては、下町の独壇場。高くて美味しいのは当たり前。安くて美味しいものが見つかるのも下町ならではの醍醐味。築地、門前仲町、両国……隅田川を中心に約300店を収録。J.C.オカザワの舌が冴えわたる下町食べ物屋徹底ガイド。

四六判／272ページ／1890円

郵　便　は　が　き

料金受取人払

神田局承認

1462

差出有効期間
平成20年5月
10日まで
（切手不要）

101-8791

（受　取　人）　534
東京都千代田区
外神田2-1-12

晶　文　社　行

◇購入申込書◇

ご注文がある場合にのみ
ご記入下さい。

■お近くの書店にご注文下さい。
■お近くに書店がない場合は、この申込書にて
直接小社へお申込み下さい。
送料は代金引き換えで、冊数に関係なく
一回210円になります。
宅配ですので、電話番号は必ずご記入下さい。

（書名）　　¥　　（　　）部

（書名）　　¥　　（　　）部

（書名）　　¥　　（　　）部

ご氏名　　㊞　　TEL.

ご住所　〒

晶文社　愛読者カード

お名前《ふりがな》	（　　歳）	ご職業
ご住所	〒	
Eメールアドレス		
お買上げの本の 書　　名		

本書に関するご感想、今後の小社出版物についてのご希望その他

ホームページなどでご紹介させていただく場合があります。（諾・否）

<table>
<tr><td>お求めの
書 店 名</td><td colspan="2"></td><td>ご購読
新聞名</td><td></td></tr>
<tr><td rowspan="3">お求め
の動機</td><td>広告を見て</td><td>書評を見て</td><td colspan="2">書店で実物を見て</td><td rowspan="3">その他</td></tr>
<tr><td rowspan="2">（新聞・雑誌名）</td><td rowspan="2">（新聞・雑誌名）</td><td colspan="2">出版ダイジェスト〃</td></tr>
<tr><td colspan="2">晶文社ホームページ〃</td></tr>
</table>

今後、新刊案内〔**「出版ダイジェストの特集版」**〈奇数月１日刊に掲載します〉〕などお送りする際の資料といたしますので、次のアンケートに該当される方は、（　）内に○印をお付け下さい。

1. （　　）既に新刊案内が送られている。
2. （　　）新刊案内が送られているが重複している。
3. （　　）新刊案内が送られているが今後中止してほしい。
4. （　　）新刊案内を送ってほしい。（今まで送られていないので）

ご購読、およびご協力ありがとうございます。なお、2・3および住所変更をお知らせ下さる際は、必ず帯封に記載されているコード番号もご併記願います。

J・C・オカザワの浅草を食べる——浅草の名店百選

J・C・オカザワ著

「丸ビル」を食べつくし、今度は愛する浅草を丸かじり。すし、そば、どぜう、鍋からロシア料理まで、選びに選んだ浅草の名店百選。好きな街でも、名ばかりの有名店、カッコだけの店はバッタバッタと切り捨てる。浅草の最新版・辛口「食べ物屋」ガイド。(この本は食べ歩き実証によるユニークなガイドだ。表通りしか判らなかった私にとって、地図を見ながらの店探しは楽しい。—愛読者カードより)

四六判／232ページ／1785円

萬盛庵

（まんせいあん）そば

★

文京区本郷 6-14-3
03-3811-6986
日祝休

初回は迷わず三色そば

「鮨すず木」が本郷一の鮨屋なら、「萬盛庵」は本郷一のそば屋と断言。しかも、ともに断トツで本郷一。それでもなお、この6～7年の間に数回の訪問だから、何の因果か未訪店ばかりを追い続けるおのれの酔狂を憾むほかにすべはない。

初回は迷うことなく三色そば（1500円）を試されたい。単品ではそれぞれ900円（ざるは950円）の白雪・せいろ・田舎が同時に味わえるからだ。他店では更科、あるいは田舎に対して御前などと呼ばれる白雪は、純白にして繊細なそば。せいろは不揃いの中太打ちで枯れた色合い。薄っすらあずき色の掛かった田舎だけは多少の粉々感を舌に残す。三色に共通するのは他店の追随を許さぬほどのコシの強さ。歯の丈夫でない方はハナから避けたほうが無難だ。かすかな甘みを含みながらもキリリと締まったつゆとの絡みも申し分ない。このそばにしてこのつゆを地で行っている。さらしねぎ・わさび・おろしの脇役トリオにも手抜かりは一切なし。とりわけわさびはおろし立てがタップリ。こんなそば屋があるからこそ、いけしゃあしゃあとニセモノを出す店が許せなくなる。

夜には（昼からでも構わぬが）、酒と肴が待っている。焼き味噌・板わさの定番のほか、じっくり落ち着いて飲むなら天ちら、あるいは人数によって大・小選べる鴨の柳川がオススメ。海老天が入ったぶっかけ風の萬盛そば（1600円）を締めとするのもまたよし。

鷹匠

（たかじょう）そば

★ ♥
文京区根津 2-32-8
03-5834-1239
月休　第 1・3 火曜休
早朝営業　夕方閉店

朝も早よからおそばをたぐる

正午から18時の昼営業に加えて、早朝も7時半から2時間ほど店を開ける非常に珍しいそば屋さん。立ち食いそばは別として、早朝営業は築地の魚河岸を除き、都内ではここ1軒だけだろう。女主人は「こんな店があったらいいなと思って…」と屈託がない。

どうせ行くなら朝がいい、ということで日曜の朝がけ。旗地にある小粋な店は入れ込みの板の間。木製の長テーブルは立て混めば相席になる。午前8時だというのに10人ほどの先客があったが、われわれ以外はみな近隣の住人のようだ。正月以外に朝から酒を飲むと、一日中かったるくなるから、その朝は我慢の断酒。

深山（945円）は俗に言う田舎。あずき色を帯びた太打ち十割そばのコシは強め。薬味はさらしねぎと大根おろし。真っ先に鰹出汁を感じるまろやかなつゆとの相性がいい。そばとろ（1260円）のそばはせいろ。極細のそばにたっぷりのとろろが絡みすぎてしまい、つゆにも少々とんがりを感じた。こちらの薬味はねぎとわさびだが、惜しいことにわさびがニセモノ。にもかかわらず、一ツ星の獲得は逆に立派。鴨せいろ（1570円）は中太のせいろそばで来たように思う。つゆには胸肉とつくねが入り、熱の通しすぎながら旨みはじゅうぶん。3年後に再訪してせいろを注文してみたら、以前より太くなったような気がした。極細打ちはやめたのかもしれない。

夢境庵

（むきょうあん）そば

文京区弥生 1-6-4
03-3815-4337
無休　火曜のみ夕方に閉店

いつの間にか二百選入り

朝の10時から夜の19時半までの営業。根津という土地柄では変則的な営業時間だ。目の前に日本医科大付属病院があるから、夜勤明けのドクターやナースが朝食代わりにそばを食べるのだろうか。あるいは病院の粗食に耐え切れなくなったクランケが駆け込むのかも…。

民芸調の店内はいつも薄暗い。相席も必至だから、居心地はよくないのだが、昼どきはいつも混み合っている。もり（700円）は中太で香りに乏しく、つゆは甘くしょっぱくいろいろと複雑な味がする。わさびも本わさではない。コシの強さを求めて注文したしそ切り（1000円）もずいぶんとヤワで期待はずれ。根津神社の近隣なので家康公にちなんだメニューの権現そば（1000円）にも挑んでみた。おかめそばのアレンジ版だから、なかなかの具だくさん。鳥居に見立てたかまぼこの下には京風がんもどき、あとは生麩・しいたけ・ほうれん草。これもつゆがかなり濃い。もっとも薄味のリクエストには応えてくれる。

お昼の真心ランチというのが気になって再び出掛けた。たぬきそば・ひじき・ぬか漬け（きゅうり・にんじん・大根）・半ごはんのランチAは850円。たぬきが玉子とじになるランチBで950円。それほどの真心は感じなかったものの、ひじきもぬか漬けも丁寧で、良心的なセットではあった。総合的な魅力には欠けるのだが、どこか憎めず、辛うじて二百選入り。

釜竹

(かまちく) うどん

文京区根津 2-14-18
03-5815-4675
月休

蔵だけが残った

残されるはずだった明治の名建築・茨城県会館がどんでん返しの末、老人ホームに建て替わった。「活かす会」の努力虚しい悲劇的結末にはウラがありそうで、今でもダミーコンペの噂が絶えない。美しい本館は跡形も無く消え去り、蔵だけが残されて、大阪から進出した「釜竹」が釜揚げうどん（850円）とざるうどん（900円）を提供している。細・太選べるざるの細打ちがとりわけ美味しく、サクサクの揚げ玉が名脇役を務める。ただし、板わさのニセわさびには残された蔵が泣いている。

根の津

(ねのつ) うどん

文京区根津 1-23-16
03-3822-9015
月休　祝日の場合は翌日休

うどんを超えた鮭ごはん

土曜の昼に2人で出掛け、冷・温セット（800円）を2通り注文する。ぶっかけ&きつね、生醤油&かやく、これで冷・温2種類ずつ、計4種類のうどんを試すことができた。おろし生姜と揚げ玉のぶっかけはまずまず。生醤油にキーポイントのすだちが1/4個ではさみしい。お揚げの入ったきつね、揚げ玉とわかめのかやく、それぞれに標準以上。店主の修業先、銀座「さか田」のうどんより歯ざわりが優しい。驚いたのは白胡麻と大葉の千切りを散らした鮭ごはん（180円）。正直言ってこれがイチ推し。

呑喜

（のんき）おでん

文京区向丘 1-20-6
03-3811-4736
日休

締めは茶めしと香の物

東京のおでんの原点がこの店にある。創業は明治20年で1世紀以上に渡り、江戸おでんを継承し続けている。当代の店主は四代目。袋と大根は二代目の発案というのが定評となっている。

ビールはキリンとサッポロのラガー。最近はトンとお目に掛からない赤星ラベルのサッポロにする。おでんと言えば燗酒だが、酒はキンシ正宗のみ。醸造学の大家にして東大名誉教授だった故坂口謹一郎博士が推挙した銘柄だけに、おでんとの相性はすこぶるよい。おでんがなくとも美味しい酒で、菊正宗にしても櫻正宗にしても正宗を名乗る清酒は押しなべて好きだ。

2月ながら冷え込みの浅い夜。鍋の前には四代目の弟さんが立っていた。おでん以外には茶めしと新香しか商わぬ潔い店につき、さっそく鍋を眺めつつ、アトランダムに注文してゆく。

白滝・＊焼き豆腐・本ちくわ・＊里芋・こんにゃく・袋・焼きちくわ・つみれ・大根・銀杏巻き・＊子持ち槍いか・すじ・ごぼう巻き・飯だこ・とこぶし。＊ジルシは特に気に入った種。本ちくわは白身のすり身を使った白ちくわ。袋の中身はすき焼き風だった。槍いかが飯だこに数段勝り、とこぶしはやや期待外れ。三大クラシックおでん種の豆腐・こんにゃく・里芋はさすがにお手のもの、どれもが満足のいく炊き上がり。茶めしもさることながら、白菜新香とべったら漬けが格別の美味しさ。予算は1人4000円。

ちゃんこ
浅瀬川

（ちゃんこあさせがわ）ちゃんこ

★ ♥ ✿

文京区本郷 5-26-8
03-3818-3918
日祝休　夜のみ営業

ちゃんことおじやだけでいい

若貴兄弟のお兄ちゃんがチェーン展開したおかげか、最近は若者の間でもちゃんこ鍋が人気。この店はそのずっと前から東大生の味方。学生でも利用できる良心的な価格設定が好ましい。

店を起こしたのは先代の元幕内・浅瀬川（伊勢ヶ濱部屋）。今でも厨房で名物の自家製さつま揚げをこねたりしているそうだ。先ごろ浅瀬川ゆかりの伊勢ヶ濱部屋が消滅して現役力士が桐山部屋（親方は元小結・黒瀬川）に移籍したが、この桐山部屋の後援会の末席に名を連ねている関係上、年の瀬にはちゃんこの恩恵に浴している。桐山部屋の塩ちゃんこは格別だ。

予約のときの女将さん（浅瀬川夫人）の受け答えが人懐っこい。「初めてなら2625円のコースをお選びなさいよ」とすすめられ、素直に従った。いざ出掛けてみると岩下志麻に似た可愛い人だった。ビールのあとは力士を冷酒で。さつま揚げは白身魚・海老・帆立入りだが、まぁそれなり。かつお刺しや鯨ベーコンも特筆には価しない。力士を熱燗にチェンジした。

さすがに伊勢ヶ濱仕込みのちゃんこは違った。鳥もも肉・油揚げ・白滝・ニラ・ごぼう・にんじん・えのき・白菜が入る鳥ガラ出汁の塩ちゃんこ。蓋もしなけりゃ玉子も落とさぬおじや（実際は鳥スープ掛けごはん）ともども堪能した。ちゃんこだけなら2人前で2940円。次回はこれで行こう。一ツ星はちゃんことおじやに捧げるものだ。

はん亭

（はんてい）串揚げ

★ 🍷

文京区根津 2-12-15
03-3828-1440
月休

串揚げを見直した

明治時代には下駄の問屋だった建物は文化庁指定の登録有形文化財。2階と3階の座敷の居心地が快適だが、思うように部屋を確保できないのがネック。予約も3名からでカップルは利用しにくく、こんなに素敵な空間が恋愛シーンと無縁では宝の持ち腐れ。

2人で訪れると1階の蔵の部屋に通された。サッポロラガーで乾杯。豆乳そうめんやら鯵のマリネやら前菜のあとで冷酒の誠鏡に切り替える。3クールに分かれて供された串揚げの内容は順に以下の通り。

①海老のしそ巻き・コーン・谷中生姜の豚肉巻き・蓮根・稚鮎・湯葉

②沢蟹・みょうが・合鴨&にんにく・ブラックマッシュルーム&チーズ・えんどう豆・帆立

③蟹爪・ベーコンポテト・牛肉&チーズ・マスカットの白身魚巻き・たこ&ズッキーニ・茄子

これらを塩・胡麻味噌・ウスター・マスタードで食べるのだが、そのままか塩がよい。揚げ油はサラダ油に胡麻油とラードのブレンド。正直に告白すれば、こんなに美味しいものだとは思わなかった。大衆酒場やビアホールの串カツは好きなのに、串揚げをハナから軽視してきたきらいがある。まさに目からウロコがポロリ。お代は2人で1万7000円。場違いだった神田店を閉め、新丸ビルに進出して支店をオープンした。

金魚坂

（きんぎょざか）和食・軽食

♥ ✿

文京区本郷 5-3-15
03-3815-7088
月祝休

ハナシの種に一訪あれ

世にも怪奇な飲食店。その異常さにかけては古き良き東京の筆頭格だが、もとは金魚屋さん。金魚と錦鯉の卸売りでは350年の歴史を誇り、今では卸売りはもとより、小売りに釣堀、喫茶に日本料理まで手がけているのだから、聞きしに勝る化け物ぶりを遺憾なく発揮している。HPを開いてみて驚いた。明治28年9月に催されたランチュウ品評会の番付表が載っているのだ。こんな時代にこんな品評会が開かれていようとは！　現在の売れスジ金魚はピンポンパール。ランチュウ系の品種改良型はファッショナブルで愛らしい。

夜の食事の主流はコース仕立て。小琉6品（3800円）を選んでみた。あとは料理が1品ずつ増えて、中琉（4800円）・大琉（6000円）となってゆく。前菜（う巻き・サーモン昆布巻き・近江大根）、馬刺しのルイベ風、銀むつ西京漬けと続いた。いやはや金魚屋の料理と侮るなかれ、予想を覆す佳品の連続だ。お次の冷やし炊き合わせはかなりの水準。真夏の蒸し暑い夜に涼風が一そよぎしたかのようだ。揚げ米茄子の胡麻味噌ソースのあと、赤出し（麩・わかめ）・新香（白菜・日野菜）・茗荷ごはん。そして黒胡麻アイスにコーヒー。

ほかには金魚坂御膳・ビーフ黒カレーや思わず吹き出す金魚すくい御膳などという珍品も。アールヌーヴォー調のおしゃれな店内の居心地は快適。1度は訪れるべき迷店。

キッチン まつば

洋食

♥

文京区本郷 4-34-17
03-3811-8666
土休

単身ばかりの日曜の夜

本郷菊坂の中腹にあって、庶民的な町の洋食屋さんといった風情を見せている。土曜休みの日曜営業というのも地域密着型で好ましい。

散歩していて発見し、数日後のランチに訪れたのが初回。メニューに目を通すと、主役級はオムレツとハンバーグ。このいずれかにメンチカツ・チキンカツ・海老フライ・蟹クリームコロッケなどを組み合わせてセットとするのが一般的。日替わりランチも2種用意されている。その日は豚肉の胡麻風味焼きと海老フライ＆チキンカツ盛り合わせ（各800円）だった。迷った末にオムレツと串カツのセット（950円）を注文して、どちらも期待以上の美味しさ。煮干し出汁の利く豚汁がなかなかだし、何よりも炊き立てのごはんがすばらしい。茶碗で出されるから、ほとんどの客がお替わりをする。

昼夜ともに何度かおジャマした。とある日曜日の夜は豆腐煮・しらすおろし・白菜新香（各300円）でキリン一番搾りの生中を2杯。豆腐煮はカツ煮のカツの代わりに豆腐を玉子でとじたもの。吉四六のロックに移行して、ハンバーグと串カツにキスフライ。最後に巨大なオムライスと野菜サラダ。以上を2人で食べて6500円にしかならない。

家族3人だけの切り盛りによる家庭的な雰囲気に誘われるのか、日曜の夜の客は単独の男性ばかり。みな酒も飲まずに、ただひたすら晩ごはんを食べている。

中華オトメ

（ちゅうかおとめ）中国料理

文京区根津 2-14-8
03-3821-5422
水休

パン屋から中華に大変身

念のために休業日をチェックしようと思い、電話を入れてみた。受話器の向こうはおそらく店主だろう、その丁寧な受け答えに人柄がにじみ出て、こちらの気持ちも晴れてくる。こういう料理人が作る料理が外れることはまずない。国分寺に同名店があり、あちらは店主の兄さんが経営しているそうだ。国分寺は白いタイル貼りの洋食屋のような外見だが、出される料理は根津にそっくり、休業日まで同じ水曜に設定している。彼の地で開業して20年ほどになる。

中華料理店というより、一昔前の喫茶店を思わせる店内はワンタンメンより、ナポリタンのほうが似合いそう。近所の人たちが入れ替わり立ち替わりやってきて、地元にしっかりと根付いている様子が伝わってくる。酢豚と八宝菜（各１３００円）でビールと紹興酒を。この八宝菜が実に具だくさんで、具材を数えてみたら十二宝菜だった。鶏の唐揚げまで入っているのだ。中華丼には目玉焼きまで乗っかっている。生姜風味でニラ多めの餃子、中太ややちぢれの素朴なラーメン。どちらも上々でごきげん。

帰りがけに奇妙な店名の由来をお運びの娘さんに訊ねると、一瞬キョトンとした表情を見せた彼女、奥の調理場に聞きに行ってくれた。曰く「もともとオトメパンというパン屋だったのを40年くらい前に今のお爺ちゃんが中華屋さんにしちゃったそうです」—ふ〜ん、いいお爺ちゃんだこと。

メゾン・デュ・シャテーニュ

フランス料理

★

文京区根津 2-14-10 日興パレス文京プラザ B1
03-3827-2503
月休　第1・3・5日曜休

口福のパイ包み焼き

蔵前の「ビストロ・モンペリエ」のA山シェフの後輩が開いた店と聞いて赴いた。シャテーニュは仏語で栗のこと。仕切るのは栗Hシェフだ。有楽町の「アピシウス」で10年の研鑽を積んだという。ロティスリーを謳っているから得意料理はローストものだろう。ビルの地下で狭苦しい空間は居心地が悪いというほどではない。

気心の知れた仲間が4人集まったので、各自好きなものを注文して分け合う。白ワインはレミ・ジョパールのブルゴーニュ・ブラン'03年（6200円）。赤はジョルジュ・ルーミエのシャンボル・ミュジニー・プルミエ・クリュ・レ・クラ'02年（1万9000円）。「モンペリエ」より品揃えはずっと豊富。このあたり先輩は後輩を見習ってほしい。会計は4万4800円だったから半分以上をワインが占めた。

当夜の優れモノは、前菜ではカリフラワーのヴルーテを添えた生海胆&蟹肉のジュレ寄せ、そしてイヴローニュ（酔っぱらい）風サラダ。酔っぱらいの内容は生ハム・鴨コンフィ・田舎風パテとグリーンサラダで盛りだくさん。実際にワインがすすんでしまう。和牛のたたきもボリュームがあってお食べ得。主菜では五島列島に揚がった平すずきのポワレ。ホロホロ鳥とフォワグラのミンチを詰めたパイ包み焼き。以上2皿が双璧で、うずらのファルシのローストは詰めものに一工夫ほしい。骨付き仔羊は平凡にして脂身が多すぎた。

ペジーブル

フランス料理

★ ♥

文京区本郷 1-28-32
03-3818-5071
水休

大きな楠の木の下で

本郷の大楠をご存知だろうか。数年前の散歩の途中、この大木と出くわした時にはあまりの見事さに度肝を抜かれた。樹齢700年近いという。大楠の下に「楠亭」というレストランがあった。週末のランチにでもと思いつつ、そのままにしておいたら、風の便りに閉店と聞いた。

その後、気になって訪れると、「ペジーブル」という名のフランス料理店が同じ場所に。さっそくメニューをチェックする。ランチは1575円から用意され、近所の奥様方の人気を集めそう。ディナーもコース料理なら5250円からとお手軽。ただしアラカルトは前菜でも4～5000円となり、主菜と2皿で1万円近くに達する。興味を惹かれる料理はほとんどがアラカルトの肉料理に集中していた。

2人でディナーに訪れ、5250円のコースとアラカルトの段違い平行棒でゆく。コースはスコットランドサーモンのマリネ、あいなめのキャベツ包み蒸し煮、フロマージュ、デセール、カフェと割安感がある。カルトは仔うさぎ背肉のロティと脚付き子鳩のロティのどちらも捨てがたく、キノコの香るうさぎを前菜、黒トリュフソースの鳩を主菜に両方お願い。やはりこの2皿が白眉であった。赤ワインはニコラ・ポテルのブルゴーニュ'04年（7140円）。オーナーシェフ夫妻はダメ元でこの物件を申し込み、大家さんから「貴方たちに決めたヨ！」と言われたときは耳を疑ったそうだ。

オ・デリス・ド・本郷

(お・でりす・ど・ほんごう) フランス料理

文京区本郷 2-40-15
03-3813-1961
無休

気軽に立ち寄り気楽に飲み食い

東京メトロ丸の内線本郷三丁目駅にほぼ隣接するフレンチ・デュープレックス。1階がビストロ&スタンドバー、2階がレストランで、3階はオープンキッチン&シェフズテーブルと立派なものだ。飲みたりないとき、2軒目に立ち寄るのに便利だが、一夜ビストロで食事をしてみると、魚介類がいっぱいのお魚屋さんのサラダ(900円)、ゆでた牛胃のパン粉揚げのタブリエ・ド・サブール(850円)、ともにビストロチックで悪くなかった。若い女性の接客も初々しくて好感度大。この店は使える。

ココゴローゾ

イタリア料理

文京区本郷 3-23-1 クロセビアビル B1
03-3818-3622
無休　土日祝は夜のみ営業

妥協を許さぬ食いしん坊

店名はトスカーナの方言で「食いしん坊シェフ」のこと。厨房でつまみ食いばかりしているのだろうか。クッチーナ・トラディツィオナーレ(伝統料理)を謳うだけあって、イタリア各地の伝統を踏まえた料理は日本人の舌に媚びを売ることがない。味わってみると、他店と比較して酸味の際立ちがよく判る。ガツンとくるパスタもお得意で、最古の生パスタであるテスタローリ、細めのほうとうみたいなストリンゴッツィ、電話コード状のブッシャーティ、客を楽しくさせるのが、この店の真骨頂。

海燕

（かいえん）ロシア料理

文京区根津 2-28-2
03-3824-2750
月休

目玉が引っ込むお勘定

代々木から根津のマンションの1階に移転してきた。店名はゴーリキーのロシア革命を予知した小説「海燕の歌」に由来するのだろう。「どん底」よりはロマンが香る。それに「どん底」では新宿の洋風居酒屋のイメージが強すぎるし、同名では差し止められるリスクも背負う。

手頃な値段のランチはお食べ得。Cランチ（900円）はボルシチ・ロールキャベツ・コールスロー・パン&バター・デザート・ロシアンティー。Dランチ（1000円）はロールキャベツがビーフストロガノフに代わる。ボルシチはトマトチックでミネストローネみたい。ロールキャベツには牛挽き肉がミッシリ。ストロガノフにはもう少々パンチがほしい。

夜にウラを返した。上野のコンサートのあと、4人でクルマを飛ばす。よく冷えたウォッカという選択肢もあったが、女性たちに合わせて赤ワイン。ミッシェル・プルニエのオー・コート・ド・ボーヌ'03年（4000円）をお願い。ザクースカ盛合わせの内容は、セリオトカ（にしん酢漬け）・ペーレン（ピーマンのにんじん詰め）・カブスタ（キャベツ酢漬け）などなど。主菜はピチロンカ（牛レバーのクリーム煮）、シャシーリク（羊肉串焼き）、ピッキー（牛フィレ肉ピカタのクリーム煮）クリビアンカ（ミートパイ）・ロシア風ハンバーグと5皿を完食。これで1万5000円のお勘定は目ン玉が引っ込むほどに、安かった。

ミュン

ベトナム料理

文京区本郷 4-2-8 フローラビル 2F
03-3815-1195
無休

13時半の奇跡

サイゴン（現ホーチミンシティ）料理を強調するが、さほどサイゴン色はない。鳥カレー・スープ麺などのランチは600円と安く、生＆揚げ春巻きや海老まんじゅうが付くランチセットは2000円と割高感あり。ベトナム人はあまり食べないのに、なぜかカレーが人気で主力メニュー。カレー南蛮の風味が立つのはそば屋の鰹節とニョクマムの魚系つながりのせいだろうか。驚愕したのは13時半から1時間限定の特別サービス。同じランチがドリンク付きで400円となり、押し寄せる客の大群は蒙古来襲の元寇のごとし。

【名店二百選】

8 御徒町・台東・上野駅東&南側

御徒町周辺の地下鉄の駅名の乱れには目を覆いたくなる。こんがらがった電気配線のごとくだ。責任は都営大江戸線にあるが、石原都知事もそこまでは目が届かなかったとみえる。日比谷線・仲御徒町はまだ判る。大江戸線はその東の相当離れたところに新御徒町、そして西側の銀座線・上野広小路の真下に上野御徒町を新設してしまった。新御徒町など当初は元浅草となるはずが、商店街の要望で変更されたというから、開いた口がふさがらない。元浅草のほうがずっとスッキリしているし、なおかつ一般受けもするのに…。

御徒町から上野にかけての一帯はとんかつ発祥の地。同じ発祥の地でも秋葉原のメイドカフェとは雲泥の差、食文化に対する貢献度が違う。とんかつ御三家はすべて、さして広くもないこの一画に収まっている。

鮨処寛八本店

（すしどころかんぱちほんてん）すし

台東区台東 4-29-15
03-3832-7357
水休

玉子トリオの三重奏

上野・湯島界隈に支店を開け閉めしているが、出掛けるなら本店に限る。支店は別の店と捉えたほうがいい。台東区の区名の由来となった台東だが、土地カンのない人にはなじみのない場所。御徒町と新御徒町の中間に位置する。

キリンラガーで突き出しの平目海胆和えのあと、つまみに、きすと新いかを切ってもらい、ビリー・バンバンの「今は、このまま」を使ったCMが好評だったたいいちこのロックを。新いくら醤油漬けと子持ち昆布、言わば、鮭の玉子とにしんの玉子を楽しんでいたら、ワタシも仲間に入れてよネ、とばかりに出汁巻き玉子が焼き上がり、熱々を仲間に入れてやって、玉子トリオの結成だ。

にぎりへ突入。最初の小肌がガス臭い。これはたまたまで再訪時にまったく問題がなかった。次の平目が小肌の汚名をすすぐほどにすばらしく、赤貝・蒸しあわび・穴子とそれなりが続き、かつおがガツンとヒットした。戻りがつおのわりにはシツッコさがなく、にんにくを使わないのが残念無念。赤身・あおりいかと継ぎ、そのあとのたこが濃厚な煮つめも相まって本日のベスト。今度は芝海老のすり身入りの玉子で当夜の締めとした。支払いは1万3000円也。

故柳亭痴楽によく似た親方はユーモアとウイットにあふれ、本当に楽しそうな仕事ぶり。江戸前鮨とは何ぞや、身を持って知りたい鮨の初心者は、ぜひ訪れるべし。

きつね忠信

（きつねただのぶ）いなり・のり巻き

★

台東区東上野 4-23-6
03-3843-9985
月休　土日祝 18 時閉店

生涯ベストのいなり寿司

　この店に出会えて幸せに思う。そしてこの店を見落とさなかった自分をほめてやりたい。現時点で生涯ベストのおいなりさんがここにあった。「きつね忠信」と言えば、歌舞伎「義経千本桜」で義経の腹心・佐藤忠信に化けた源九郎狐のことだが、単にそこから拝借してきた店名ではない。何とご主人の名前が、K泉忠信さんなのだ。忠信さんによるいなり寿司専門店が「きつね忠信」、まさに会心のネーミング。

　夫婦で店を始めて早や30年。年月の流れが沁みこむ店内でも食べられるが、ほとんどがお持ち帰り客。お茶だけは出してくれるものの、ビールもなければジュースもない。店内の写真撮影は禁止、そして完全禁煙。昔かたぎの真っ当な店であることが伝わってくる。

　こしらえるのは、いなり・かんぴょう巻き・しそ巻きの3品のみ。いなりは油揚げの表裏を引っくり返すスタイル。煮汁は完全切りだ。シットリ派にパサツくなどと指摘されたら立つ瀬がない。つくづく名品だと思う。閉じ際に酢ばすと黒胡麻を配し、ふくら雀のように太ったところをパクリとやれば、味付けシャープにして食感もいい。チョコレート色のかんぴょう巻きは、意外にあっさり。しそ巻きは梅しそ巻きではなく、梅干の脇役の赤しそを巻いて非常に珍しい。9時から20時の営業時間ながら、土日祝は早仕舞い。近所の「きつね寿司」が消えた今、この店には長生きしてほしい。

てん婦羅天寿ゞ

（てんぷらてんすず）天ぷら

台東区上野 2-6-7
03-3831-6360
水休

蓮根が糸を引く

カウンターに独り。最初に酢の物をお願い。小肌・小海老・帆立・かき・くらげ・きゅうりが土佐酢できた。1合入りの白鶴大吟醸2本を飲みながら、お好みで揚げてもらう。巻き海老2尾・めごち・*きす・ふきのとう・小玉ねぎ・*いんげん・たらの芽・穴子・*蓮根。*ジルシは特筆モノ。野菜を食べたぞ！　という達成感があり、殊にシャキッとした歯ざわりで、噛むと糸を引いた蓮根が白眉。店主は浅草「弁天山美家古」の親方を若くした感じ。お勘定は税込みで1万5000円。天ぷら屋の少ない上野では貴重な存在だ。

上野藪そば

（うえのやぶそば）そば

★

台東区上野 6-9-16
03-3831-4728
水休

いずれ劣らぬ隠れた逸品

本家の「かんだやぶそば」から初めて暖簾分けを許されて開業したのが明治25年のこと。数ある藪そばの中でも気に入りの1軒である。普段は昼にせいろう。冬場には温かいかきそば。夜には極細で歯ざわりに優れたもずく酢と、サクサクの大車海老天ぷらで菊正の燗を楽しむ。あまり注文する人とていない隠れた逸品を紹介する。まずはきしめんせいろ。柔軟なコシに小麦が香り高い。そしてカレー南蛮うどん。鴨肉使用のカレーが和風と言うよりインド風にスパイシー。都内随一のカレー南蛮がここにある。

翁庵

（おきなあん）そば

台東区東上野 3-39-8
03-3831-2660
日祝休

カツ丼は署への定番

上野警察署の真ん前に風情をかもす佇まい。名代はねぎせいろ（７００円）。先代の考案によるものでつけ熱いつゆに、いかのかき揚げとねぎが入っている。くすんだ緑色のそばがツルツルと抜群の滑らかさ。もり（５５０円）のそばつゆはそれに反してまったく平凡。甘ったるさだけが舌に残る。薬味のねぎは雑な切り口。粉わさびも使う気がしない。客がねぎせいろに走るわけだ。後日、上野警察の玄関でカツ丼を出前するオヤジさんとすれ違った。この店からの出前らしいが、警察署との付き合いは長そうだ。

大凧

（おおだこ）おでん

★

台東区上野 2-3-1
03-3836-4906
日曜不定休　夜のみ営業

酒とおでんとおつまみと

ここでは迷うことなく日本酒。雪漫々の純米吟醸、天狗舞の山廃吟醸、沢の井大辛口、麒麟山金峰本醸造と、飲み継いでいった。つまみは子持ち昆布とぽてとサラダ（各５００円）。おでんの味は関東と関西の中間といった風。これまで20種ほど制覇したおでん種では、鯨コロ・ごぼう巻き・キャベツ巻き・牛すじが四天王。「大凧」の店名とは裏腹に、おでんは小ぶりにして、店内も10人も入ればいっぱいの小体ぶり。おでんのみならず、黒板に書かれたつまみ類が侮れないので、吟味することが肝要だ。

熊本・馬しゃぶ料理
天國

（くまもと・ばしゃぶりょうり てんごく）馬肉料理

★ ✿

台東区上野公園 1-59
03-3828-5571
月休

阿蘇からやって来た馬肉

上野に「桜」の新名所誕生。馬肉専門店「熊本 天國」が東京・上野に進出したときのキャッチコピーである。もちろん桜の名所・上野に桜肉を掛けてのことだ。馬肉＝桜肉の由来には諸説あり、この店のパンフレットにも馬肉の色合いの美しさを桜に見立てたとあるが、それでは当たり前にすぎて、いささか味気ない。そこで以下の一説を取りたい。木曽節や安来節の歌詞にもあるし、都々逸好きの坂本竜馬が好んでうなったとも伝わる「咲いた桜になぜ駒つなぐ　駒が勇めば花が散る」。やはりこれにトドメを刺す。安来節などこのあとに「恋にこがれて鳴く蝉よりも 啼かぬ蛍が身をこがす」と続くのだからたまらない。よくぞ日本に生まれけりだ。

馬肉は阿蘇・西原村産。霜降りのしゃぶしゃぶ（７５００円）は少々値が張るが、三枚バラの鉄板焼き（３５００円）なら、焼肉屋に行くつもりで、庶民にも手が届く。普段口にする機会の多い牛肉より、どうしてもたまに食べる馬肉のほうに惹かれてしまう。桜刺しは特上霜降りは別格としても、タン・ハツ・レバー・あばらはお求めやすい価格帯。

馬肉になじみの薄い方には、手頃なランチを試すという手もある。赤身肉使用の馬肉カレー（１１００円）はそこそこで、和風フィレステーキ（１６００円）が二重丸。和牛のフィレだとこの値段では食べられまい。添えられる馬汁も豚汁とは違う魅力があった。

韻松亭

（いんしょうてい）和食

台東区上野公園 4-59
03-3821-8126
無休

2種類の鍋でお腹一杯

上野公園内「精養軒」の隣り。ロケーションに恵まれたようで、夜にはフリの客を望めぬ宿命も抱える。創業は明治8年。この2年前に時の東京府は浅草や飛鳥山とともに、上野のお山を公園化した。世に言う恩賜公園の始まりである。広大な寛永寺境内を縮小したのだが、たまたま鐘楼だけが「韻松亭」の隣りに残り、それが店名の由来となった。松に韻《ひび》く鐘の音を表現している。部屋から臨む木々の緑は、同じ上野でもアメ横あたりの喧騒とはまるで別世界、一訪の価値大いにありだ。

自社工房で製造される手造りの豆腐を中心に豆菜料理を謳っている。昼は気軽に利用でき、茶つぼ三段弁当や花籠膳、あるいは昼の会席・清流が１６８０円から４８００円で楽しめる。約束事のように部屋を埋め尽くすのは元気なオバ様連中だ。夜は鳥すき焼きの「桜」から会席の「桔梗」まで５３００円から1万５０００円。

昨年末の大雨の夜、鳥すきの「銀杏」コース（６３００円）を。使用される鶏は茨城産の茜ドリ。栗の甘露煮・出汁巻き玉子の天ぷら・湯葉&鳥刺し・手羽先胡椒焼きのあと、最初の鍋は鳥すき。弾力あるもも肉に湯葉・粟麩などの大豆食品とクレソン、ねぎの代わりに玉ねぎを使うのが特徴。お次は鍋を替えて鳥つみれ鍋。締めには雑炊だけでなく、鳥五目ごはんも登場して、お腹ははちきれんばかり。

蓬莱屋

（ほうらいや）とんかつ

★ ♥

台東区上野 3-28-5
03-3831-5783
水休

忘れじの串カツ

この店を取り巻く評判は賛否両論。有名店・人気店にはままあることだが、これほど両極端な批評が続く例は極めて珍しい。「蓬莱屋」は言わずと知れたヒレカツ専門店。ヒレとロースの好みの差だけで、この店を論じても仕方がない。ロースの信奉者がヒレに偏見を持って批判するのはアンフェアだ。

品書きはカツレツ定食・一口カツ定食（各2900円）・串カツ定食（1900円）・串カツ（1本350円）のみ。使用する豚肉はすべてヒレ肉。カツレツはいわゆる1本の棒カツに包丁を入れたもの。一口カツは一口サイズに切り分けてから揚げたものだ。当然のことに一口のほうがコロモのまといが多くなる。串カツは余った小肉を有効利用したものだろう。

オススメはカツレツ定食＋串カツ1本。棒カツは肉汁いっぱいの揚げ上がり。油にはラードに加えてヘットまでブレンドするが、ちっとももたれない。店内に油臭さがないのはすべてダクトに吸い込まれるためだ。小ヒレ肉と長ねぎが2片ずつの串カツも上々。定食が1900円もするのだから、1本350円というのはかなり割安。そば猪口に入ったいんげんの味噌汁は相変わらず。お椀によそってほしいものだが、化調とは無縁の出汁と味噌の香りが上品だ。これも店主の美学か。出来合いの新香がおざなりながら、ごはんは特筆の美味しさ。清潔な店内と揚げ手の真っ白な白衣が印象的だ。

双葉

（ふたば）とんかつ

★

台東区上野 2-8-11
03-3831-6483
月木休（祝日の場合は営業）

脂身ゼロのロースカツ

「蓬莱屋」がヒレカツ一辺倒なら「双葉」はロースカツ一本やり。とんかつ定食（２９４０円）と称している。見事なまでに脂身を抜き取ったロース肉をきつね色に揚げ切り、5切れに包丁を入れたあと、横から一刀両断。計10ピースで登場する。ヒレの如くに柔らかなロースは旨みじゅうぶん。ごはんがすすむこと、すすむこと。でもホンの1切れでいいから脂身を残してくれたら、ありがたがるのはJ. C.だけではなかろう。徹底して脂身を排除するのはもはや店主の信念のようだ。上野はとんかつ発祥の地、それぞれの店にそれぞれの流儀があるものだ。

添えられた極細のキャベツはしんなりと丁寧な切り口ながら、水切りの悪いのが気になる。改善の余地あり。もっちり硬めに炊かれたごはんは申し分なく、豆腐の味噌椀ときゅうりの新香も一級品だった。

俵形が２個付きの海老入りコロッケ（１３６５円）も試した。挽き肉入りのコロッケに小海老が姿のまま2尾入っている。これは俗に言う海老クリームコロッケとはまったく別物。普通のコロッケの海老入りだった。メニュー名のままで偽りはないのだが、海老を加える必然性があるとは思えない。このコロッケに味噌汁・新香・ごはん（各３１５円）の３点セットで２３１０円。ちょうど単品のとんかつと同値になった。ダラダラと酒を飲む客を排斥するために、酒類は１人２本までの制限あり。

黒船亭

（くろふねてい）洋食

台東区上野 2-13-13 キクヤビル 4 F
03-3837-1617
無休

生姜焼きで5000円?!

上野はビルの上階の洋食屋が多く、ここもそんな1軒。価格設定は高い。オードブル・パン or ライス・デザートが付くポーク生姜焼きコースが5040円。帆立フライコースは5460円。フレンチ顔負けだ。4種の料理にスープ・サラダ・ライスの付く洋食弁当B（2830円）は、かぼちゃのポタージュでスタート。オムレツはそれなり。パサつくタンシチューはソースにも魅力が薄い。蟹肉いっぱいの蟹コロッケはよかった。大根おろしと相性のいいハンバーグも美味しい。どうにか二百選入り。

厳選洋食さくらい

（げんせんようしょくさくらい）洋食

文京区湯島 3-40-7 カスタムビル 7・8F
03-3836-9357
無休

使い勝手は界隈随一

ここも上野広小路に近いビルの7～8階。厳選洋食とはずいぶん大仰で、何を厳選したのか客には皆目伝わらないのだが、スペースもゆったりと、分煙化もしっかりなされ、年中無休となれば、使い勝手のよいことは確か。オープンキッチンで料理人の一挙手一投足が見えるカウンターは禁煙席。JR上野駅方面の夜景が楽しめる窓側が喫煙席。ビーフカツレツ・黒豚の生姜焼き・海老マカロニグラタンなど、ハーフサイズで注文できるのがありがたい。メニューの幅の広さも相当で、客を飽きさせない。

翠凰

（すいおう）中国料理

台東区台東 4-28-1
03-5688-8392
無休

湯麺類は一流クラス

御徒町のディスカウントショップ「多慶屋」のそばだが大通りから隠れていて、つい最近まで存在に気づかなかった。昼どきに通り掛かって入店。五目そば（850円）と半炒飯（250円）はどちらも花マル。中細ちぢれ麺と化調を感じない濃いめの醤油スープが小気味よくマッチ。薄味仕上げのチャーハンとのバランスもいい。気をよくしてリピートし、翠凰四季弁当（2000円）を。牛肉&野菜のオイスターソースは美味しいが、いくらやあん肝などの中華にそぐわない食材が不気味で評価を下げた。

四川史菜 彩芳

（しせんしさい さいほう）中国料理

台東区上野 3-3-10
03-3834-6767
土日祝休

2皿選べるランチが人気

ランチタイムの3品の料理から2品を選ぶシステム（800円）がユニークにして客の評判も上々。1種類の料理をずっと食べ続けるのは苦痛を伴うこともある。とある日は、①麻婆豆腐②細切り豚肉とセリの炒め③春雨と挽き肉の煮込み。①と②をお願いしたが、①の麻婆豆腐は常備菜のようだ。これは店主がかの有名な陳建民氏のお弟子さんだからこそ。ほかには盛り付けとお運びの女性の計3人で切り盛り。13席しかない簡素な店内に、目立つ金目のものはディスプレイ用の大きなふかひれだけだ。

板門店

（はんもんてん）焼肉

★

台東区東上野 2-15-5
03-3831-2867
第1・第3月曜休

古い写真に魅せられた

上野駅南側の飲食街から昭和通りを東に渡ると、小さなコリアンタウンが出現する。十数軒の食料品店や焼肉店が狭い一画にひしめいている。浅草にもよく似たブロックがあるが、あちらは焼肉屋ばかりで、食材を扱う店がないから、生活観を感じさせない。この東上野の片隅のほうがずっとリトルコリアを感じさせる。

本書でこのエリアを素通りはできないが、だからと言って何軒も取り上げられない。その中で1軒「板門店」に白羽の矢を立てた理由は店先にあった開業当時の古い写真。写真に惹かれて試してみると大正解。以後数店におジャマして、やはりこの店が気に染まっている。

焼肉を食べるときはほとんどの場合、大勢の若い衆、あるいは大食漢を引き連れてご馳走するときだ。女性と2人連れなんてケースは滅多にない。この夜も男ばかりが4人でバカスカ食った。ありとあらゆる部位の肉を20皿以上はやっつけたろう。特筆モノはまずレバ刺し（1050円）。1〜2枚そのまま生でやったら、あとはサッと表面だけ焼く。レバはちょい焼きに限る。そして並ハラミ（980円）と上ハラミ（1300円）。さすがに上は旨いが、並でもじゅうぶん。並（950円）・中（1300円）・上（2350円）と、すべて試したカルビは冗談抜きで並が気に入り。もっとも若い連中には上が断トツの一番人気。他人《ひと》の財布を何だと思っていやがるんだ、ったく！

ブラッスリー・レカン

フランス料理

♥

台東区上野 7-1-1
アトレ上野レトロ館 1F
03-5826-5822
無休

オペラのあとに訪れる

本書ではチェーン店はもとより、本店がほかのエリアにある支店は極力避けている。このブラッスリーは本家とコンセプトが異なるし、かなりの優良店につき、取り上げた。銀座ミキモトビル地下にある伝説の名店「レカン」の直営店である。レカンとは仏語で宝石箱のこと。ビルのオーナーに気を遣ったネーミングの妙だ。

店のHPに、昭和7年に創設された上野駅貴賓室が21世紀の今、銀座「レカン」の姉妹店として生まれ変わった云々とあった。貴賓室の存在は知らなかったが、皇族が那須の御用邸あたりに赴くときの待合室として使われたのだろう。近くの東京文化会館でオペラを観たあとに利用することが多い。逆にそれ以外ではおジャマすることはない。年に2~3度は訪れる機会があるのだから、それも当然の成り行きだ。興奮冷めやらぬオペラのあとに、広小路や湯島の大衆酒場で余韻に浸るのは土台無理なハナシ。

旗艦店の「レカン」とは比べるべくもないが、似たタイプの「ロティスリー・レカン」よりやや低めの価格設定。上野という場所柄のせいだろう。ミックスナッツ・自家製ピクルスなど、庶民的なおつまみ類の用意も周到。列車待ち合わせのお父さんがつかの間の晩酌に利用するとも思えぬが、そんな気軽さも兼ね備えている。ブルゴーニュの廉価な赤を抜き、鴨もも肉のコンフィや仔羊背肉のグリエを楽しむうち、アッという間に閉店時間となるのが悩みの種。

【名店二百選】

9 下谷・根岸・谷中・千駄木

「恐れ入谷の鬼子母神、びっくり下谷の広徳寺」としゃれのめしたのは江戸中期の文人にして幕臣の太田蜀山人。もっとも広徳寺はすでに練馬に移転してしまった。その代わりに鬼子母神が地番上は下谷にあるからややこしい。したがって現在は「びっくり下谷の鬼子母神、あらま練馬の広徳寺」というのが正しい。朝顔市で有名な鬼子母神から北に開けているのが根岸の里。正岡子規の子規庵、林家三平のねぎし三平堂がラブホテル街の一角にある。若い女性の一人歩きは必然的に赤面を伴うことになるから、心して訪れたい。

ＪＲ日暮里駅北口を出て、西に向かうと夕焼けだんだん。下ったところが谷中銀座で、よみせ通りへと続く。その先には千駄木の町が不忍通り沿いに動坂まで延びている。団子坂・三崎坂（さんさきざか）と坂の多い土地で、両側には食べ物屋が軒を連ねている。

すし乃池

(のいけ) すし

★
台東区谷中 3-2-3
03-3821-3922
水休

穴子に捧げる一ツ星

穴子と言えば「乃池」、「乃池」と言えば穴子。あまりにも有名な穴子のスペシャリストだ。一ツ星も穴子に捧げるもので、通常の鮨屋としてとらえた場合、星はあげられない。ここでは、集中して穴子を食べるのが正解。穴子にぎりは1人前2500円。

つけ台に座っていながら、お好みでは食べなかった唯一の鮨店。昼にビールの中瓶を1本頼み、特上にぎり（2500円）を注文。特上に小肌は入らないと聞き、ほかの種と差し替えてくれるようお願いした内容は以下の通り。穴子2・小肌・赤身・中とろ・車海老・玉子・鉄火巻き半本。それに漬け生姜とあさりの味噌椀。小肌に取って代わられたのは赤貝のようだが、通常は穴子が3カン来るのかもしれない。

粉わさびがわびしい。既製品の出汁巻き玉子がこれまたわびしい。まぐろネタはまずまず。車海老は良質だ。酢めしに塩が強いが、酢〆の弱い小肌にはマッチ。主役の穴子は想像より小ぶり。香ばしい皮目に煮つめのコクが重なり、名物の名に恥じぬ出来映えに大きくうなずく。キリッと締まった漬け生姜が二重丸。

隣りの客の上にぎりを途中までのぞき見ると、はまち・赤身・中とろ・玉子・数の子・甘海老・赤貝ひも。あとは巻きものだから穴子をパスした模様。穴子嫌いがここを訪れる意味はない。みやげに穴子の肝煮（400円）を1瓶買い求め、支払いは3510円也。

天扶良からくさ

（てんぷらからくさ）天ぷら

★

台東区下谷 2-9-7
03-3872-3788
月休

銀宝をしのぐ穴子のめそっ子

　地下鉄日比谷線・入谷駅から近いわりに遠来の客は少なく、ほとんどが近隣の常連さん。お昼の千円超えから2000円ちょいまで3種類揃った定食がお値打ち。夜もコースなら高いほうでも5300円。控えめな品数は健啖家にはものたりないが、使い勝手は悪くない。ただし、お好みにすると、勘定は一気に跳ね上がる。コースの倍額に近いかもしれない。お好みはコースの追加程度に抑えておくのが賢い食べ方。

　大型連休目前の夜にオジャマした。乱れた小上がりを見て見ないフリ。清潔なカウンターには胸をなで下ろす。突き出しの天豆がハイセンス。茹で上げて皮をむき、出汁に寝かせて味を含ませ、枝豆で言うところの浸し豆状態で供される。これが色鮮やかにして美味。軽く刺身をつまもうと訊ねると、その夜のラインナップは鯵・さより・帆立。店主のおすすめに従い、さよりを所望したが鮮度にやや問題があった。

　巻き海老に始まり、かき揚げに終わった14種ほどの天ぷらで、特筆に値するのは以下の6品。白魚・めごち・穴子・ペコロス・百合根・小柱かき揚げ。逆に旨みを感じなかったのは旬を迎えたはずの銀宝。5尾1束で揚げられた白魚がすばらしい。穴子は俗に言うめそっ子、天ぷらには絶好のサイズだ。大星と呼ばれる大粒の小柱のかき揚げとしじみ味噌椀で、炊き立てのごはんを軽く1膳。気になる会計は2人で2万9000円だった。

川しま

（かわしま）そば

★

台東区下谷 2-6-15
03-3875-6868
火休

太さを打ち分ける変わりそば

日暮里の「川むら」と混同されがち。単に屋号が似ているだけで、店の雰囲気も供されるそばもまことに対照的なのだが、時として勘違いを生む。「川しま」という店名には清潔感があって名乗られやすく、ネット検索すると京都・太秦の和食店や兵庫・西宮の割烹がヒットした。

初訪問時に1人で3品も食べてしまった。「室町砂場」や「千住竹やぶ」のように極端にそばの量が少ないわけでもないのに、これは由々しきことだ。最初に三色そば（1360円）。せいろ・茶切り・芥子切りが朱塗りの盆の上の竹簾に盛られて登場。これがこの店の最大の欠点で、竹簾と盆の間に水が溜まってしまい、恐ろしく水切りが悪い。店主はそれを承知の上で、そうしているフシがあるように感じた。薬味のさらしねぎ・本わさび・大根おろしはみな丁寧。つゆは鰹節の主張するマイルド派。細打ちのせいろは滑らかにして、そば本来の滋味いっぱい。中細の茶切りはそれなりで、太め平打ちの芥子切りが香り高くベスト。

2品目は何としても看過できなかった柚子切り（1260円）。これは細打ちできたが、3種の変わりそばの太さを打ち分けるところに、自ずと一茶庵系の矜持を感じ取れる。最後に鴨つくねそば（1260円）。6個も入ったつくねの上品な旨みがつゆに溶け出している。亭主は温厚な性格、お内儀はちょいと冷ややかな接客ぶり。対照的な夫婦が切り盛りする。

川むら

（かわむら）そば

荒川区西日暮里 3-2-1
03-3821-0737
木休

青唐入りの玉子焼き

店先の様子から察して、もっと上品なそば屋さんかと思いきや、店内はいたって庶民的。テーブルの配置など味も素っ気もなく、大衆的な居酒屋と変わるところがない。2001年4月、まだ500円だったもりを食べた。極細のそばは色薄くそばそうめんの如くだったが、そこそこのコシが残って量もじゅうぶん。つゆは甘みをまったく感じさせず、そばつゆというよりも、めんつゆに近いものだった。薬味のさらしねぎは丁寧ながら、ニセわさびにはがっかり。そばに限らない麺類の豊富な品揃えは恐ろしいほどだ。名古屋のきしめん、大阪のうどん、挙句の果てには小豆島の手延べそうめんまで網羅しつくされている。

多彩な酒肴にも惹かれ、何度か再訪する。休日でも昼なので、飲みものはビールにしておいて鱧の板わさを。鱧のかまぼこ自体はよいが、相変わらずのニセわさだ。青唐辛子の入った玉子焼きがユニークにして美味。普通・ピリ辛・大辛と選べ、大辛で頼んだものの、辛さはほどほどであった。お次が大きなとんかつがデンと居座るかつ煮。締めは550円に値上がりしたもりのつもりが、香りそば（1100円）に浮気した。大葉・みょうが・おろし・針海苔を盛り込んだ通常はぶっかけと呼ばれるものだ。汗ばむ陽気には涼しげな大葉やみょうががありがたい。桜切り・菊切り・柚子切りと、季節に応じた変わりそばもこの店の人気商品。

公望荘
（こうぼうそう）そば

台東区上野桜木 1-16-68
03-3822-2288
火休

つゆがそばに負けている

鶯谷南口は田端南口ほどではないにせよ、乗降客の少ない寂れた改札口。古風なこの店が駅前にポツンと建っている。せいろ（750円）はコシの強い中太のそばがとても美味しい。コク味に欠けるつゆにはトンガリを感じる。なめてみた混ぜわさびが強烈で、鼻にツンときた。武蔵野そば（1500円）はつゆの短所を具材がカバーする。胡麻油の香る開き揚げの海老天がサクサク。厚切りかまぼこと玉子の黄身が配され、海苔が散っている。頼りないつゆが力不足で、脇役のアシストは必要不可欠だ。

のだや
うなぎ

台東区根岸 3-11-5
03-3872-1871
不定休

肝焼き追加で満足感

根岸小学校裏の商店街に暖簾を掲げている。ちょうど洋食「ビクトリア」のはす向かい。ガラスの引き戸を引いて入店しても誰もいないので、厨房をのぞくと初老のご夫婦（?）が驚いてこちらを見上げた。不法侵入者と思われたのかも。最も廉価なうな重（2100円）と肝焼き（630円）をお願いして待つこと20分。焼き上がったうなぎは焼きムラとは無縁の美しさをたたえている。肝焼きもレバーが主体の2本付け。うなぎの量を増やすなら、肝焼きを追加したほうが得策で、満足感はずっと大きい。

稲毛屋

（いなげや）うなぎ

文京区千駄木 3-49-4
03-3822-3495
水休

肝の確保を忘れずに！

同じ不忍通り沿いのラーメン店「神名備」がまだ神名備そばをウリにしていた頃。量少なめの名物だけでは満腹にほど遠く、行き掛かりのこの「稲毛屋」に飛び込み、鰻肝焼き丼（５００円）を賞味したのが初見参。ドンブリには2串ほどの肝が並んで、上から針海苔がパラリ。よくもこの値段で出せるものと感心した。品書きにあったうな串セット（６５０円）は肝・レバ・小首・ひれの串焼き盛合わせ。次回は夜に来て、このセットで一杯やろうと目論んだのだった。

その次回がやって来た。日曜夜に予約を入れて出向いてみると、あにはからんやうなぎの串モノはすべて売り切れの全滅状態。近所の常連が予約の折に押さえてしまうのだった。これでは遠方から来る客はたまらない。常連重視の営業方針をとがめることもできないから、電話予約の際には串モノ予約を怠りなく。

気を取り直し、富乃宝山のロックでうなぎの代わりに焼き鳥を。レバ・ハツ・ソリ・ハラミを焼いてもらった。ソリは内ももの付け根で、ハラミはハツの周りの脂肪分。豆腐ように似た味の山うに豆腐、奈良漬とまったく変わらなかった白瓜粕漬け、そしてうなぎの紅白焼き（１２００円）。これは関西風に蒸しを入れない白焼きと蒲焼きのハーフ&ハーフ。井戸が深いから水がよく、水がよいから豆腐が旨いと評判の上野桜木の豆腐店「藤屋」そこの木綿豆腐を使った湯豆腐を囲んで締めとした。

笹の雪

（ささのゆき）豆富料理

台東区根岸 2-15-10
03-3873-1145
月休　祝日の場合は翌火曜休

豆富は三百年 焼き鳥は六十年

　創業三百有余年、豆富料理ひとすじ。この店では豆腐の文字は使わない。豆富の文字を当てている。「腐」より「富」のほうが品も縁起もよさそうだ。元禄の頃に初代が京都から江戸に出て豆富作りを始めたと聞くと、山本一力の「あかね空」が思い浮かぶ。朝だけの商売で、あんかけ豆富に焼き海苔とごはんを出したという。

　ある日、このあんかけ豆富を召し上がった輪王寺宮が「笹の上に積もった雪のように白くて柔らかい」と形容されたのに因んで「笹の雪」の名称が生まれた。そのとき宮様がお替わりをなさったので、以来あんかけ豆富だけはペアで出される。法善寺横丁の夫婦善哉さながらだ。

　小さな滝が落ちる池に面した窓辺の席に通され、晴れやかな心持ち。ミニチュアの神橋やひきがえるや雪うさぎが配された池には錦鯉が泳いでいる。若い女性を当て込んだ当世風のエセ豆腐料理屋など足元にも及ばない貫禄が漂う名店だ。浅草の「駒形どぜう」同様、はとバスの団体の御用達には少々シラケるが、江戸情緒を守り抜く伝統もさることながら、これだけのキャパシティがないと団体客はさばけぬだろうし、東京名所の喧伝にも一役買っているわけで、目クジラを立てることもあるまい。くだんのあんかけ豆富に、飛竜頭・雲水・かけ醤油など、好みのものを単品で味わった。壁に貼られた「豆富は三百年、焼き鳥は六十年」の謳い文句に惹かれ、つい焼き鳥を追加注文。

たんぴょう亭

（たんぴょうてい）和食

♥

台東区谷中 7-18-21
03-3821-5039
水休

充実の昼定食

評判を聞きつけて昼に。定食は刺身・鰺塩焼き・まぐろ竜田揚げ・穴子丼・いくら丼などが1050円均一。ごはんのお替わり可で、丼モノの大盛りは210円増し。刺身定食の内容は真鯛・鰺・まぐろ。まぐろは赤身と中とろの中間感じ。混ぜわさびながら、真鯛と鰺は良質だった。海老しんじょの吸い物が圧巻。白身魚のアラで出汁をとった潮仕立てのお椀は本格的な和食のシゴト。小鉢の鳥肉と長ねぎの中華風甘味噌和えはこの店らしくない。食後の冷たい緑茶とうぐいす黄粉をまぶしたわらび餅は気が利いている。

五十蔵

（いすくら）和食

♥

台東区谷中 3-2-24
03-5685-2247
月火休　夜のみ営業

酒好き高じて開業へ

酒好きの姉妹が2人だけで営む家庭料理の店。友人のお宅に招かれているようなくつろぎを覚えるのも当然、ここは彼女たちの自宅なのだ。訪れたなら2人との会話を楽しめるカウンターが特等席。電話予約をおすすめしたい。きす味噌漬けとポテトサラダで生ビールを飲み始める。宮崎の芋焼酎・初留垂れしょっぱながあり、喜び勇んでダブルでお願い。真子がれいの昆布〆にチューブわさびは勘弁してほしいが、志摩産のうたせ海老など珍しいものも。茗荷の味噌和えには25年物の八丁味噌が添えられる。

三忠

（さんちゅう）たこ料理

文京区千駄木 3-1-17
03-3824-2300
水休　土日祝は夜のみ営業

若布が蛸の上をゆく

　たこはそれほど食指の動く食材ではないのだが、あまりに評判が高いので不忍通りから団子坂を上って行く。ほどなく右手のマンションの中２階に「三忠」が現れる。店先の提灯には白地に黒く「蛸」と書かれていた。

　たこ料理専門店といっても、刺身類やくじらモノのメニューも充実。せっかくだから、たこを中心にいろいろと試す。たこの産地は三浦半島の久里浜。たこおどり食い（１２６０円）は、わさび醤油と胡麻油&塩の２つの味を楽しめるが、わさびがニセモノなので、代わりに生にんにくのスライスをもらう。はたして相性はにんにくがベストだった。沼津産の珍しいめひかり刺しと、肉質そこそこながら、揚げ切りのよくないミンクくじらの立田揚げを挟んで、たこのみ焼き（９４５円）。このお好み焼きにはあまりたこが入っておらず、少々不満が残った。

　この料理だけは北海道の水だこではと思われるたこしゃぶ（１８９０円）が登場。アルミの鍋に昆布の小片が浮かんでいる。たこ料理ではこれが一番だった。ペロリと平らげ、新わかめしゃぶを追加。漆黒のわかめを湯に通すとあら不思議、一瞬にして濃緑色に変化して、たまらぬほどの美味。たこには悪いが、たこの上をいく。最後は墨入り炊き込みのミニたこめし黒（６８２円）。ちなみにたこめし赤はキムチ入りとなる。満足の１人６０００円。

くりや

食堂

文京区千駄木 4-22-3
03-5685-3121
日祝休

肉体疲労時の栄養補給に

同じ並びにある「動坂食堂」とともに近隣の人々、殊に激しい肉体労働に携わる人や栄養の偏りがちな独身者には強い味方となっている。どちらも人気店だが、店の雰囲気、サービスの迅速さ、料理の味と定食のバランスなどから「くりや」のほうに分がありそうだ。2軒に共通しているのは焼き魚と並んで主力メニューとなる揚げものがウイークポイントであること。焼き魚がよいだけに残念。素材の吟味、揚げる直前のコロモ付け、良質な油による丁寧な揚げ切り、この3点に留意してほしいが、繁忙を極める昼めしどきにそれを求めるのは酷だろう。

GWの谷間に友人を誘ってランチに出向く。正午前に到着したが、この店は11時から休みを取らずに通し営業をしている。これも使い勝手のよい一因。おのおのまずごはん（200円）を頼んでおいて、こちらは豆腐とわかめの味噌汁（150円）、相方は豚汁（250円）。あとはいろいろ注文して分け合った。大根おろしをたっぷり添えたさんまの開き（450円）、びっくりするボリュームのメンチ&コロッケ盛合わせ（300円）、油少なめで薄味仕上げの肉野菜炒め（350円）、ちょい焼きにしてもらった甘塩たらこ（300円）、それに小鉢のほうれん草のひたし（100円）としらすおろし（150円）。栄養満点にして腹一杯。

店内は24席ほど。ホールを仕切るオバさんの活躍がすごい。一騎当千の活躍とはこのことだ。

鍵屋

（かぎや）酒亭

台東区根岸 3-6-23
03-3872-2227
日祝休　夜のみ営業

女人禁制に抜け道あり

もとは言問通りに面した酒問屋。その建物は「江戸東京たてもの園」に移築された。30年以上も現在地で営業していて、ここもまた風情あふれる日本家屋。2人までならカウンターがいい。3人以上になると会話が声高になるのですみやかに小上がりへ。酒は菊正宗・櫻正宗・大関とクラシックな銘柄で統一され、いずれも冷やでよし燗でよし。つまみは酒亭らしく控えめなものばかりだが、かまぼこのチューブわさびはこの店にそぐわない。女性客はオフリミットながら、男性のエスコートがあれば入店可。

河金

（かわきん）とんかつ

台東区下谷 2-3-15
03-3873-5312
土休

河金丼は元祖カツカレー

以前は国際劇場（現・浅草ビューホテル）の隣りにあった。映画「男はつらいよ・寅次郎わが道をゆく」の映像に、この店と国際劇場が克明に残されていて、いつもそのシーンには目が釘付けになる。銀座「グリル スイス」と並んでカツカレー・発祥の店とされる。ごはんの上に千切りキャベツ、そのまた上にカツレツを乗せてカレーかけるドンブリを河金丼（1050円）と銘打つ。元祖「河金」が暖簾をたたんだあとは、暖簾分けのカタチでこの店のほかに、観音裏の「河金」がその名跡を守り続けている。

香味屋

(かみや) 洋食

台東区根岸 3-18-18
03-3873-2116
無休

四番打者不在の洋食弁当

初訪問はかれこれ20年以上前になろうか。改装前の店内は手狭で庶民的な雰囲気だった。それでもメニューを開いたときの印象は、洋食屋にしてはけっこうな値段だなぁ、という感じ。当時から人気だったメンチカツを食べた記憶がある。

5年ほど前に久々の再訪をはたしたときにはは大好きなシモン・ビズのサヴィニー・レ・ボーヌのプルミエ・クリュ'97年（9000円）を抜いてもらい、ゆるりと晩餐を楽しんだ。洋食店のワインリストにこのブルゴーニュの軽い赤ワインを見つけると、迷わず注文することにしている。フランス料理よりも「にっぽんの洋食」との相性がよいからだ。丁寧に作られたコンソメで始め、舌平目と牡蠣のポワレで継ぎ、蟹コロッケとメンチカツはそれぞれにスモールポーションでお願いした。続いてのビーフシチューはかなりのボリューム、途中でしつこさを感じてしまった。ポークカレーライスで締めて、お勘定は2人で2万7000円。

本書の執筆にあたり、今まで未食のスペシャル洋食弁当A（3150円）をランチタイムに試す。B（4200円）やC（5250円）では豪勢すぎる。運ばれた三段重の蓋を開けると、一の重には魚介のテリーヌやローストビーフなど冷製もの、二の重は一口ヒレカツや鳥の唐揚げの温かい料理、三の重にライスといった具合だ。多種多彩ではあるのだが、なぜか四番バッター不在の風景が目の前にあった。

鶯谷園

（うぐいすだにえん）焼肉

台東区根岸 1-5-15
03-3874-8717
火休　夜のみ営業

割り勘負けする焼肉屋

　鶯谷は都内有数のラブホテル街。そんなところにこれまた都内有数の焼肉店があると聞きつけて、駅北口の改札を出た。宵のうちから男女が出入りしている脇をすり抜けるようにして「鶯谷園」に到着する。もっとも駅から真っ直ぐ歩き、言問通りを右折すればことはたりるのだが、せっかく鶯谷に足を運んだのだ、風俗の実体を垣間見ておくのも大切な社会勉強。

　焼肉は数少ない食の不得意種目。焼肉自体が嫌いというのではなく、体や衣服に染み付く匂いに我慢がならず、真夏の散歩で汗だくになったあとでもなければ、寄り付かないのである。その夜は焼肉ならば10人前は軽いと豪語する若者を同伴した。普段ＰＣの調子が悪いときにお世話になる技術者にお礼を兼ねてのご招待。

　生ビールをガンガンやりながら、バカスカ頼んだものはかくの如し。レバ刺し・ユッケ・白菜キムチ・上タン塩（１２００円）・ハラミ（９００円）・特上ランプ霜降り（１３００円）・ホルモン（６５０円）・特上カルビ（１６００円）・サーロイン２００ｇ（５０００円）。この八割方を相棒が食べつくした末、霜降り・カルビ・サーロインがベストスリーとのたまう。こちらにはそういうシツッコいものは1切れずつで、もうじゅうぶん。一番の気に入りがハラミで二番がホルモンだから、とてつもなく安上がりだ。これじゃおちおち大勢で焼肉屋には出掛けられない。絶対に割り勘負けするもんね。

レストラン ムサシノ

フランス料理

★

文京区千駄木 3-45-9
03-3823-6340
無休

よみせ通りで半世紀

いにしえは藍染川が流れ、昭和の初めに暗渠化された谷中よみせ通り。以前は多くの夜店が並び、行き交う人々でにぎわったという。夕焼けだんだんから続く谷中銀座とT字路でぶつかるよみせ通りは、今も夕餉の買い物客が引きも切らない。昭和が色濃く残る一角はそぞろ歩きも楽しく、散歩の途中にこのフランス料理店が目に留まった。垢抜けない店名に加え、佇まいも時代遅れの喫茶店といった風情。その後、1952年創業と聞いてぶったまげたが、その頃は洋食屋か喫茶店だったのではなかろうか。

店は見掛けによらぬもの。ディナーに訪れ、あらためて認識した。カールスバーグの生ビールを飲みながら、ワインリストに目を通す。何よりも客のフトコロに優しい値付けが好ましい。J・トラショのクロ・ドゥ・ラ・ロッシュ'97年が9450円。即座に白羽の矢を立てた。

前菜のオマールとフォワグラのテリーヌ、主菜のうちわ海老と帆立のポワレ、ずいぶんと海老づいてしまう。伊豆大島産の天然かんぱちのカルパッチョは無駄な脂がなく、さすがに天然モノ。もっとも養殖なら見送っていた。メニューには仔牛とあったが、すでに赤みを帯びて若牛と呼ぶべき牛肉と、リードヴォーのポワレが赤ワインにピッタリ。2人で2万円とちょっとの会計にも大満足。隣りの大テーブルでは、常連による目隠しワイン・テイスティングが開催されていた。

イル・サーレ

イタリア料理

★ 🌸

文京区千駄木 3-36-11
03-3821-8810
月休

蜂蜜とゴルゴンゾーラが好相性

2人で出掛け、ピエモンテの赤のゲンメを空けてものたりず、トスカーナのブルネッロのハーフボトルを追加。アンティのゴルゴンゾーラのスプーマが必食。オレンジの花の蜂蜜と合わせると、いっそうの華やぎを見せる。海の幸のスパゲッティもいわゆるペスカトーレのように魚介が原型を留めるタイプではなく、海老・いか・たこのラグー状。このスタイルのほうが好きだ。茨城産黒豚のソテーは燻したような香ばしさが持ち味。脂身の甘さが舌に優しく、シツッコさがない。2人で2万円のお勘定に拍手。

光江

（みつえ）ラーメン

台東区下谷 2-22-6
03-3873-0142
木休

指折りのあっさりラーメン

終戦後間もなくの開業らしいが、当然現在のご夫婦？ではあるまい。料理を作るのがオジさんでお運びがオバさん。ラーメン（500円）のスープを一口すすり、最初に甘みを感じた。それも野菜のナチュラルな甘さ。あっさりしすぎてコク味には欠けるが、途中から酢を足すと旨みが増す。ケレンのない秀作と言ったらよいだろうか。やや太めで黄色のちぢれ麺はプリッとした食感。1つずつ分離独立してカリッと焼かれた餃子（400円）もオススメ。誰が何を注文したのかすぐ忘れちゃうオバさんはご愛嬌。

砺波

（となみ）ラーメン

★

台東区谷中 2-18-6
03-3821-7768
水休

野菜そばに恋をした

大好きな店である。近くにあれば足繁く通うことになろう。ここもまた初老のご夫婦だけの切り盛り。滑舌のいいオバさんの接客が丁寧で好感が持てる。店名から察すると、お二方もしくは旦那さんの出身地が富山県の砺波市なのかもしれない。おそらくそうだろう。

ラーメン（500円）はスープに化調を感じても味のバランスは崩れていない。中細ちぢれ麺は粉々感が心地よく大好きなタイプ。焼きそば（600円）は柔らか麺のあんかけスタイル。豚小間・きくらげ・野菜のあんに練り辛子がたっぷり。「三丁目の夕日」の時代の味と香りがして、酢を垂らしたら、より舌と鼻腔が反応した。週末のせいか、小体な店に近所の家族連れが数組詰め掛け、地元の人たちの愛着度がよく伝わる。壁の品書きには街の中華屋さんの定番以外に鯵フライライス・いかフライライス（各700円）・かつ丼（750円）なども並んでいる。隣りの卓のお母さんが食べていた野菜そば（550円）がとても美味しそう。野菜そばは他店のタンメンとまったく同じ。

どうしてもタンメンが食べたくなり、半月後に再訪。餃子（550円）でキリンラガーの大瓶を飲む。その夜はオジさんの姿なく、オバさんが調理場とホールの一人二役だ。やがて運ばれた清楚なタンメンに一目惚れ。純白の小さなドンブリもまた可憐。こんなに可愛いタンメンは東京中探し歩いても絶対に見つからない。

一力
（いちりき）ラーメン

台東区谷中 7-18-13
03-3821-2344
月休

ラーメンよりも餃子を推す

日暮里北口より徒歩2分。時代に取り残された飲み屋街の初音小路入り口にある10席ほどの小さな店。またしても老夫婦が2人だけで営む。客のほとんどが常連で、昼からビール派も。中太ちぢれ固ゆでの麺は味噌ラーメン向き。事実、一力ラーメン（650円）は味噌とねぎ。ラーメン（500円）には肩ロースのチャーシュー・シナチク・ナルト・小松菜が入り、スープは化調控えめのあっさり醤油味。薄皮に、にんにく・ニラ・キャベツを包んだモチモチの餃子（450円）が特筆で、ラーメン以上のデキ。

神名備
（かむなび）ラーメン

文京区千駄木 4-21-3
電話ナシ
月火休　水木金は昼のみ営業

星の代わりにハートを捧げる

これほど看板商品のラーメンを激変させた店があったろうか！　経営者やスタッフのことは存ぜぬが、すべてが変わって店名だけが残ったものと解釈しないと、頭の整理がつかない。繊細でたおやかな神名備麺は'05年の夏に消滅。おそらくその時期に大変身を遂げたのだろう。現在は醤油ラーメンと塩ラーメン（各714円）の二本立て。ともに中太ちぢれ真っ黄色のシコシコ麺に、大きめの肩ロースチャーシュー、たっぷりのゆでもやしと青小ねぎ。結果として星は失ったがフロアの女性の接客は新たな収穫だ。

【名店二百選】

⑩ 本駒込・白山・小石川・春日

地下鉄の本駒込と白山の間は本郷通りと旧白山通りがもっとも接近するポイントで立地条件が極めて良好、飲食店の数も多い。白山上周辺は優良店の枚挙にいとまなく、東京の隠れたグルメスポット。道幅が広いわりには走行車両の少ない白山通りと、その東側を大きく膨らんで左ドッグレッグする旧白山通りが好対照。訪れるべきは当然「旧」のほうだ。

後楽園と茗荷谷を結ぶ春日通りの北側は閑静な住宅街をも併せ持つ。小石川4&5丁目の間を貫く播磨坂は東京屈指の桜の名所、4列の桜並木の両サイドには、ここ数年の間に瀟洒なレストランが並ぶようになった。小粋な町名を残す小石川だが、小石川植物園は白山、小石川高校は本駒込にあり、すでに名実が一致することもない。

梅光

（ばいこう）すし

★

文京区白山 5-29-6
03-3941-0523
木休

大阪鮨は幾何学的な美しさ

旧白山通りに風格を備えた佇まいを見せている。西麻布の「梅好」とは縁戚筋に当たるが、シゴトは微妙に異なり、軍配を預かったら白山に挙げたい。江戸前鮨にも手を染めているものの、この店の魅力は大阪鮨。東京では神楽坂の「大〆」と双璧だ。ただしあちらは庶民の口には到底入らぬ価格設定につき、ここでも白山に軍配が挙がるのである。

初回の大阪鮨の上（1600円）には強烈な先制パンチを食らった思い。目の前に芸術品をポンと投げ出されたような気がした。江戸前鮨が職人の指先による造形美であるならば、大阪鮨は職人の包丁による様式美。アールデコ調の幾何学的な美しさに満ちている。内容はかくの如く。春子鯛2・海老と春子と玉子の市松2・穴子2・ばってら・太巻き・伊達巻き。塩と酢の〆具合もほどよく、その日以来、大阪鮨を見る目が激変した。冬場の蒸し鮨（1700円）も近頃はトンとお目に掛からなくなった懐かしの佳品につき、ぜひ試されたい。

ついこの間、近所の焼き鳥店「八巻」のあとに、まだ飲みたりなくて立ち寄り、酢〆の鯵や春子で一杯やったが、やはり大阪モノは酢めしあっての物種、江戸前のようには参らなかった。たまに大阪鮨から浮気して、江戸前ちらし（1000円）も悪くない。濃い目に味付けされた鮨種が塗りの椀に勢揃い。子どもの頃に食べたちらし丼と同じ味がしたものだ。

はし本

（はしもと）うなぎ

文京区水道 2-5-7
03-3811-4850
木休

名店の陰に隠れた優良店

神田川にかかる石切橋のたもと。そば屋の「浅田屋」のすぐ隣りにあり、近くには同じうなぎの有名店「石ばし」がある。あちらは高級感が漂うが、こちらはいたって庶民的。ガラスの引き戸を引いて暖簾をくぐり、入店すると懐かしい匂いがした。昭和30年代の日本橋界隈のうなぎ屋の匂いがするのだ。テーブル席の奥にはゆったりとくつろげる座敷があった。そうかと思うと、まだ12時前だというのにすでに食べ終えた数人のサラリーマンがドカドカと2階から降りてきた。古い日本家屋だけに、建て付けに衰えが感じられる。

5月下旬の夏日の昼。有楽町線・江戸川橋駅から数分歩いただけで肌が汗ばむ。ビールの小瓶を注文すると、葉唐辛子の佃煮がそのアテに。うな重は並（2100円）と上（2600円）の2種類。迷うことなく並と肝吸いをお願い。ついでにビールの友として上新香を追加。

待つこと25分。くすんだ柿色の重箱のふたを開けると、やや小ぶりのうなぎが上々の焼き上がり。山椒を振らずにそのまま尻尾のほうを一口。うなぎ特有の風味が立って、タレにもクドさがない。感服するほどではないが、堅実に水準をクリアしている。柔らかめのごはんのフワッとした食感はササニシキ系の米を使用しているのだろうか。用がなければ訪れることとてない場所ながら、わざわざ出掛ける価値のあるうなぎ屋さんである。

石ばし

（いしばし）うなぎ

★

文京区水道 2-4-29
03-3813-8038
日月祝休　土用の丑の日休

2時間掛かりのロングランチ

土用の丑の日には、うなぎ供養のために店を休むという奇特なお店。もっともこの店の営業スタイルでは特別な日に押し寄せる客をスムースにさばくことは不可能だろう。うなぎはさばけても、客を簡単にはさばけぬ。

予約を取らずに2人で11時半に到着すると、すでに満席の様子。玄関脇の椅子に腰掛けて案内を待ち、座敷に通されたのが11時50分。ここで初めて注文を訊かれた。うな重の上（2800円）に、白焼きの小（2100円）と肝吸いとごはん（各300円）。それに繋ぎのビールと新香盛合わせ。ちなみにうな重の並（2300円）はテーブル席だけの提供。この方針はほめられたものではない。食の太さや食欲の有無は通される部屋と何の関係もないからだ。

ビールにはざる豆腐といくら入りのしらすおろしが突き出しとして。値段はもとより、無料か有料かすら判らない。輪島塗りの大鉢で登場した新香の美しさたるや、しばし見とれるほど。すべてぬか漬けで、茄子・きゅうり・茗荷・かぶ・にんじん・大根・キャベツの7種類。美しかったが味はさほどでもなく、第一こんなにたくさんは必要ない。注文から1時間と15分が経過、ようやくうなぎが運ばれた。白焼きよりもサラッとしたタレの蒲焼きが美味しい。ただし、皮が身からペロリとはがれるのが難点。そして9350円也の不明朗会計。ぬか漬けの大鉢は一体いくらだったのかしら…。

八巻

（やまき）焼き鳥

★

文京区向丘 1-9-18
03-3818-0200
水休　夜のみ営業

曇り空に薄日が差して

白山上に焼き鳥の佳店があると聞きつけ、食べ歩き仲間が3人連れ立って出掛けた。メンバーは銀座の鮨屋の親方とクラブのママで、お互い自分の味覚には誇りを持っている。

カウンター12席ほどに小上がりが1卓のコンパクトな店の切り盛りは、店主夫妻に若い衆の計3人。飲みものの品揃えがやや弱く、ビールはエビスの生しかないし、レモンサワーはフレッシュではなかった。これでは日本酒が不得手の客は飲むものがない。

焼き鳥の前に冷やものを。大葉をあしらった鳥刺し、海苔と三つ葉を和えた鳥わさは、ともに本わさびはエライが、食べているうちに退屈で飽きてくる。この時点で早くも3人は曇った顔を見合わせるのだった。

コース仕立ての焼きものへ。初っ端の血肝で曇り空に薄日が差した。串の先っちょの1片のハツも旨い。コイツはあとでアンコールせねば…。かしわ（もも）・合鴨・ししとうも標準以上。つくねはジューシーさに欠けて凡庸。ぼんぼち・銀杏のあとの丁寧に筋を取った砂肝が大当たり。小茄子・皮・しいたけ・手羽先・ねぎを一通り食べ終え、ハツを所望すると3人で1本のつれない仕打ちに一同落胆。締めの鳥スープはあっさりとしていながら、ジワリとコク味が追いかける秀逸さ。お勘定は1人7000円で、曇りのち晴れの一晩であった。

Lee Cook

（りーくっく）焼肉

★★ ♥ ✿

文京区本駒込 1-1-26 かしわやビル 2F
03-5842-8699
月休　夜のみ営業

ハラミと地鶏とレバ刺しを焼く

煙モウモウ、脂ギトギト、汗ビッショリでないと、焼肉を食べた気がしないと言う方はほかの店へどうぞ。ゴルフや草野球のあとでシャワーも浴びずに直行するなら、脂ぎった店でも構わぬが、いかに焼肉といえども、それなりの環境下で食べたいものだ。レバ刺しは半分を生で食べ、残りはサッと炭火であぶる。さらに忘れてはならじの並ハラミと地鶏のピリ辛を焼く。箸休めは白菜とフルーツトマトのキムチ。締めは必注の冷麺だ。誰かに気に入りの焼肉屋は？と問われれば、すかさずこの店と応じている。

プルミエ

フランス料理

✿

文京区白山 5-19-9
03-3944-5257
日休　第２土曜休

ビストロ料理の入門篇

アントレ・プラ・デセールの３皿コースが２８００円。これをすでに７〜８年は守り続けているのではなかろうか。偉業と言ってよいだろう。１０００円のランチもしかりで、初めてビストロ料理を食べる若者のフトコロを痛めない、まさに入門篇のような店だ。豚舌のアスピック、仔羊の脳みそのムニエル、バヴェットステーキなど、それぞれにしっかりとしたシゴトには、まったく穴が見つからなかった。再訪時には全体に塩の使いすぎが気になったが、また次の機会にはだいぶ緩和されていて一安心。

タンタ・ローバ

イタリア料理

文京区小石川 4-18-7
03-3815-1122
水休

満開の桜の下で

桜の名所、小石川の播磨坂に2軒並ぶイタリアンの片割れ。もう片方の「タベルネッタ・アグレスト」よりもずっと新しい店だが、よくもまぁ、隣りで店開きしたものだ。空威張りにせよ、クソ度胸にせよ、どちらに転んでもここのオーナーは強心臓の持ち主だ。もっとも2軒続きのおかげで、互いの客が互いの店を認知し合って集客に結びつき、好結果につながる可能性は否定できない。

目の前の桜並木が満開の花をつける夜に訪れた。窓際のテーブルで桜吹雪を仰ぎながらの晩餐。翌日は並木道の反対側の「ラ・カンパーナ」に予約を入れてあるから、連夜の播磨坂となる。赤ワインはデッシラーニのカラミーノ・ディ・ファーラ'00年（7350円）とカッシーナ・ブルーニのネッビオーロ・ダルバ・ヴァルマッジョーレ'03年（6825円）。どちらもネッビオーロの特性が素直に出て満足度大。

料理にボリュームがあると聞いて、皿数を制御しながらの注文。ネーミングが気に染まないショフきまぐれサラダはよそで頼んだことはないが、女性陣のご要望にお応えした。旬を迎えた白アスパラガスのソテー、水牛のモッツァレッラ使用のカプレーゼ、仔牛の代わりに豚肉を使ったトンナートが前菜群。主菜はめかじきのフリット、大和鶏の照り焼き、もち豚フィレ肉のソテーの3皿。中では天ぷら風のめかじきがよかった。小海老と生ポルチーニのタリオリーニで仕上げ、会計は4人で3万6000円。

ソーニャ

ロシア料理

文京区小石川 5-31-6
03-3816-0144
木休

和牛のダブリは避けるべし

週末に予約なくして席の確保は容易でない。大田区上池台から移転してきて約4年。女性シェフの手になるロシアのおふくろの味は、この地にもようやく定着した。ロシア産ウォッカかグルジア産ワインで楽しむ料理のオススメはにしんと鮭のマリネ盛合わせ（1050円）。定番のボルシチ（945円）をはさんで、黒毛和牛ロース肉使用のビーフストロガノフ（3675円）で締めくくる。串焼きのシャシーリクは本来の仔羊ではなく、これも和牛ロースでしかも同値。重複と散財のリスクは避けたい。

ワンズドライブ

ハンバーガー

♥
文京区白山 1-20-5
03-5842-5888 無休

無名店とはもう呼べない

本郷通りにあった「ワンズバーガー」が白山通りで「ワンズドライブ」として復活し、今度は新装成った新丸ビルに支店を開いたのだから「あれよ、あれよ」の急展開だ。別の本で「満足できる無名店」として紹介したが、無名店などと失礼なことは言えなくなった。ワンズバーガーやメンチバーガーが人気ながら、ジャマイカ名物のスパイシーなジャークチキンバーガーはレゲエファンならずとも一食の価値あり。ジャマイカだけでなく、ニューヨークにも根強いファンを持っているジャンク寸前の郷土料理だ。

【名店二百選】

11 神楽坂・市ヶ谷駅北側

東京のモンマルトルの異名をとる神楽坂。在日フランス人が好んで住む街では三味の爪弾き流れる路地裏にも仏料理店が勢力を拡げ、カジュアルなビストロがその主流となっている。最近はフレンチに遅れること数年のイタリアンも浸透し、こちらもリストランテより、ピッツァ＆パスタが主力の店が中心。神楽坂の坂道の左側は再開発の波にもまれて、休業中の店舗が目立つ。これも２００７年末には再生する予定。花街の一角では景観を壊す高層ビルの建設反対運動なども起きている。

東西線・神楽坂駅から南下して市ヶ谷に達する牛込中央通りは界隈随一のグルメストリート。さまざまな商業施設が混在する早稲田通りよりレストランの水準が高いくらい。神楽坂を界隈の表の顔とすれば、牛込中央通りは裏の顔。この坂道も看過することはできない。

よね山

（よねやま）すし

★

新宿区神楽坂6-66
03-3235-3889
水祝休　夜のみ営業

6年の月日を越えて

和食はもとより、フレンチやイタリアンにもそこそこ恵まれている神楽坂に、鮨の名店は極めて少ない。銀座や浅草に太刀打ちできる店は皆無に等しい。そんな状況下で「よね山」の名声を聞きつけ、出向いたのは6年前の春先のこと。その日のフード・ダイアリーを開いてみる。

つまみ―大星（青柳柱）・のれそれ（穴子稚魚）・ぼたん海老・葉わさびひたし・しゃこわさ・蛍いかと独活のぬた・穴子の肝煮・真かじき腹身の照焼き

にぎり―小肌・あじ・紫海胆・平目昆布〆・玉子

何かもう一押したりない。しゃこはカツブシ（腹子）が入ってパサつく。真かじきはやや焼きすぎ。煮つめが甘すぎる。海胆の旨みが薄い。銀座「寿司幸本店」出身の店主の人柄がいいだけに残念。

再訪したのはこの5月。思えばずいぶん時間を空けたものだ。突き出しのじゅんさいと海ぶどうの三杯酢でビールをやったら、芋焼酎に切り替え、にぎってもらったものは以下の通り。

真子がれい・真鯛昆布〆・小肌・車海老・煮あさり軍艦・赤身づけ・穴子・しゃこ・玉子

適度なプリプリ感の真子がれい。〆加減のほどよい真鯛。芝海老のおぼろをカマせた小肌、上半身にミソを蓄えた車海老。明らかに進化を遂げて力強くなっていた。これなら文句なしの一ツ星。

かぐら坂
新富寿司

（かぐらざかしんとみずし）すし

新宿区神楽坂 4-4-17
03-3268-2644
日祝休

帰って来たR太郎

先代の急逝で一時は存続の危機に陥った。３世代に渡る女性ばかりが３人取り残されたのだ。煮方・焼き方は先々代の未亡人の大女将、見よう見まねでサカナを捌くのは先代の未亡人、接客担当が先代の娘ときたひにゃ、傍目にもハラハラのし通し、常連客はずいぶんと気をもんだことだろう。とにかく鮨をにぎる職人が不在では鉄火やかんぴょうの巻きものばかり。その時期、にぎりの出せない鮨屋は東京広しといえども、ここ1軒きりだったろう。

それが東京を離れていた一人息子のＲ太郎の帰還で救われる。若い仲間たちと沖縄くんだりで、和洋折衷の創作料理に手を染めていたらしいのだが、神楽坂に舞い戻ってからは日に日に腕を上げ、真っ当なシゴトをするようになった。仲間たちも参加して彼を支え、これでなんとか一安心だ。慶事が重なったりもして、女性陣で残ったのは最年長の大女将、通称神楽坂のかばい婆ちゃんだけとなった。

いつもつけ台の奥めに座り、婆ちゃんとビールを差しつ差されつしながら、酢の利いた小肌や春子、歯当たりの柔らかい白いか、ちょいと炙ったたら子をつまむ。焼酎に切り替え、豆腐の味噌漬けをなめていると、婆ちゃん自慢の精進揚げや真鯛のあら煮が運ばれる。最後に銀座「久兵衛」と同サイズの小ぶりなにぎりを7〜8カンやって、お勘定は6000円ほどだ。昭和の匂いを今に残す、愛すべき鮨店である。

神楽坂寿司幸
（かぐらざかすしこう）すし

新宿区神楽坂 3-1
03-3269-7085
日祝休

酢めしの品格

神楽坂ではもっとも趣きのある江戸前鮨店。石畳のかくれんぼ横丁に佇む日本家屋の一軒家となれば、さもありなん。

親方は銀座「寿司幸」の出身で１９６７年に開業。最初の20年ほどは道の向かい側にあったそうだ。基本的に昼も夜も鮨種は同じものを使い、支払額も一緒。平目・きす昆布〆・小肌・新いか・赤貝・穴子・車海老・活車海老・赤身・中とろ・玉子と、にぎり11カンで会計は1万円。甘さを抑え、塩も控えめで、酢だけが主張する酢めしが特徴。酢めしの品格と呼べるもしれない。

二葉
（ふたば）すし

新宿区神楽坂 3-2
03-3260-0853
日祝休

にぎり鮨はそっちのけ

にぎり鮨よりバラちらしが自慢の特異な店。夜のコース料理（６０００円～）でさえ刺身のあとは、煮もの・焼きもの・揚げものと続き、にぎりの代わりに小さなバラちらし。昼もバラちらし（１５００円）一本勝負。これが何と前金制。ランチといえども鮨屋での前払いはいささか風情に欠ける。界隈で無銭飲食が横行しているのだろうか。内容は、まぐろ中落ち・穴子・いくら・玉子・おぼろ・しいたけなど、意外に魚介が少ない。四谷「すし匠」のそれには遠く及ばぬが、神楽坂では合格点。

大〆

(おおじめ) すし

★ ♥

新宿区神楽坂 6-8
03-3260-2568
月休　日曜不定休　昼のみ営業

大阪寿司はシンクロチーム

ときとして大阪寿司の見た目の美しさは江戸前鮨を凌駕するものがある。アールデコを思わせる様式美はあくまでも鋭角的だ。江戸前のにぎりは鮨桶に収まるよりも、つけ台に2カン並ぶ姿のほうが美しい。シンクロナイズド・スイミングに例えれば、江戸前はデュエット、大阪はチームで互いの美を競い合っている。

神楽坂にしてはモダンな路地に「大〆」はあった。シックな内装の店内は大正ロマンのニューヴァージョンといった風。土曜の昼下がり、店内は女性客ばかりで、ほかに男性は数えるほど。ちらし寿司（３５００円）と、盛合わせのにしき大阪（２４００円）をお願い。ちらし寿司は、花造りに仕立てた目鯛とサーモンに、花びらのループを描く雀鯛、そして焼き目鯛・車海老・しいたけ・蓮根・栗・玉子・高野豆腐がちりばめられていた。一方のにしき大阪は、幾何学模様のにしき寿司が目鯛・車海老・玉子焼き・木ノ芽で、箱寿司の大阪は雀鯛・焼き目鯛・サーモン・高野豆腐&かんぴょうの太巻き。ともに食べ応えあり。しいたけ・百合根・三つ葉入りの吸い物が名脇役。

訪れたのは秋口のこと。晩秋から冬にかけて目鯛は穴子に代わり、サーモンは冬に鯖、夏には鯵に代わるという。むし寿司（２５００円）が夏場も含めて通年食べられ、酒類はワインしか置かない。こんなところに明治43年創業の老舗のこだわりが垣間見える。

志ま平

（しまへい）そば

★

新宿区納戸町33
03-5261-8381
日休

どちらも美味しい深山とおせいろ

神楽坂という街はおかしな街である。総合和食を供する優良な日本料理店には事欠かないのに、専門和食とも言うべき、天ぷら屋・うなぎ屋は不毛の地なのだ。数軒が頑張っている鮨はともかく、そば屋もまたしかり。そんな中で真っ当なそばを食べさせる店はこの店と、以前は同じ牛込中央通りにあった「蕎楽亭」だけという悲惨さ。多彩な酒肴を誇り、集客力抜群の「蕎楽亭」に比べて、合鴨陶板焼きくらいしか持ち駒のない「志ま平」だが、そばに限った勝負なら、間違いなくこちらに軍配が挙がる。神楽坂で一番のそばがここにある。

早稲田に近い天神町の「玄菱」に意気込んで出掛けたものの、まったくの期待外れ。強烈な肩透かしに、哀れJ. C.黒房下にもんどり打って転げ落ちた。いざ名誉挽回を図らんと、そば屋のはしごを決断しての来店だった。打たれるそばは2種類で、通常のせいろをこの店では、おせいろ（900円）と行儀よく呼ぶ習わし。他店の田舎は深山（1000円）と称する。双方合い盛りにした二色せいろ（1100円）を迷わず注文。せいろはしなやかな細打ちで喉越しがいい。深山は太めの平打ちでリングイネのようなモチッとした食感。つゆは町場風の下世話な甘さも兼ね備えて屈託がない。鴨せいろ（1200円）はそばを太打ちの深山にすべきだったが、鴨汁が圧倒的な美味しさだ。そば屋の二連敗を免れて、ホッと胸をなでおろした。

蕎楽亭

（きょうらくてい）そば

新宿区神楽坂3-6
03-3269-3233
日祝休　月曜昼休

そばとうどんと冷麦と

2年前に牛込中央通りから移転して、立地条件が好転。昼夜を問わず、客がワンサカ詰め掛ける。

若き店主は猿楽町の「松翁」出身。そばからは修業先の匂いを嗅ぎ取れないが、水槽に泳ぐ稚鮎の群れを見ると、膝をポンと打つ。研究熱心というか、好奇心旺盛というか、品書きの数が半端ではない。うどんや冷麦も手打ちだし、そばにしてもトマトとバジルを駆使して、イタリアンの領域まで侵食する。天ぷらをはじめとする酒肴の揃えも驚くほど。使用するそばは自らの出身地・会津柳津町産と、茨城県の岩瀬町産を石臼で挽いている。十割は会津産のみ、二八は2種のブレンドだ。

ビールはアサヒブランドの中でも珍しい富士山。続いて名前に惹かれた水芭蕉の純米酒。燗酒もほしくなって白鷹と飲み続ける。生はんぺん刺しには湯ヶ島産の本わさび。歯ざわりのよい生海苔の三杯酢が思いもよらぬ優れた小鉢。穴子肝の佃煮、出汁巻き玉子と継ぎ、天ぷらは活はぜ・帆立・墨いか・鱈白子の順に。かって目黒の油面地蔵通りにあった名店「巴仙」のはぜ天を知るだけに、どこかものたりない。胡麻油の風味が天ぷらより出汁巻きに顕著なのは本末転倒。合い盛りの二色そば（1050円）は二八よりも、十割に力強さを感じる。つゆは甘みを排除してキリリと辛口、少々の甘さがほしくなるほどだ。神楽坂では一番人気ながら、そばも天ぷらも進化する可能性を秘めている。

文ちゃん

（ぶんちゃん）焼き鳥

新宿区神楽坂 3-6 高橋ビル II B1
03-3266-8930
日祝休　夜のみ営業

小店の意地の鴨茗荷

真っ当な焼き鳥屋の少ない神楽坂とあって、連夜の盛況ぶり。予約なしで訪れて席の確保がままならず、そのまま「回れ右！」の哀れな客が夜な夜な引きもきらない。店主の文ちゃんは銀座の「武ちゃん」出身。タイプは異なるものの、修業先を超えるところまではいっていない。焼き鳥そのものは甲乙つけがたいが「武ちゃん」のほうがずっと廉価。中心からちょいとはずれた三原橋とは言え、腐っても銀座。銀座であの値段なら「武ちゃん」びいきになるのも人情だ。

生ビールはエビスとスーパードライ。両極端の個性を持つビールの兼備を評価したい。コースで攻めたがる焼き鳥屋が多い中、鮨屋のようにお好みに対応するのにも好感。れば・はつ・ぶつ（ねぎま）・ぺた（ぼんじり）・みちほる（卵管）・鴨松茸・すきみ（せせり）・ひざなんこつと続けて、はつ・ぺた・すきみがベストスリー。すべて塩で焼き、タレは一切ナシ。予算は飲んで食べて1人7000円ほど。

「鴨茗荷 星なき小店に 意地があり」―壁に1枚の色紙を発見。「天城越え」を作詞した吉岡治の筆によるもので、曲を唄った石川さゆりの名前も並んでいる。鴨茗荷は茗荷を鴨のつくねで包んで焼いたものだが、当夜は生憎の売り切れ、と言うよりも早い時間に訪れているから、仕込んでなかったのかもしれない。焼き鳥以外は、鳥わさ・鳥スープ・お茶漬け・新香のみの品書きが清廉にして潔白。

別亭鳥茶屋

（べっていとりぢゃや）
うどんすき・鳥料理

新宿区神楽坂 3-6
03-3260-6661
無休

昼もOK
うどんすき

毘沙門天前の本店よりも、別亭に趣きがある。石畳の坂道は芸者小道と呼ばれ、温泉街のようなくつろぎを覚えるのは、小道が銭湯・熱海湯に続いて行くからだろうか。夜に名物・うどんすきを組み込んだうどん会席もいいが、ランチタイムがお食べ得。極太平打ちのうどんすきが１４７０円。鰹節の出汁に、鳥もも肉・はまぐり・海老・焼き板・よもぎ麩・餅・野菜類と具だくさん。薄味仕立ての親子丼（９７０円）も人気で、これは別亭だけのもの。着物姿の女性陣の丁寧な接客に心も和む花街・神楽坂。

山さき

（やまさき）和食

★

新宿区神楽坂 4-2 福屋ビル 2F
03-3267-2310
日祝休　夜のみ営業

真夏の主役も
鍋料理

大塚「なべ家」出身の女料理人が包丁を握り、江戸料理を供する。食材は季節ごとに替わるものの、修業先が修業先だけに鍋ものが通年主役を務めている。なぜか、初夏の訪れが多く、ある夜はあいなめと早松茸、またの夜は地鶏・あわび・車海老・あいなめの玉子とじ鍋であった。出される料理は名品揃い。真鯵にはおろし生姜、肝付きの真子がれいには本わさび、生モノは鮨屋顔負けだ。極め付きは長良川の天然鮎塩焼きと、その鮎を使った炊き込みごはん。予算は１人１万５０００円。今度は秋に訪れたい。

石かわ

（いしかわ）和食

★★ ♥

新宿区神楽坂 3-4
03-5225-0173
日祝休　夜のみ営業

3種の茄子を使い分け

この店の悪い評判を目、あるいは耳にしたことはただの1度もない。何を読んでも誰に聞いても、只々賛辞あるのみ。それなら自分の目と舌で確認せずにはいられない。料理は1万5750円のおまかせ一本勝負。選択肢を奪われるおまかせは苦手なのだが、さりとて看過するには忍びない店だ。21時過ぎればアラカルトも可能となるが、そんなに遅い時間に食べものを口にしないし…下手な考え休むに似たり。平日の19時に2名の予約を入れて訪れた。接客の女性に「どちらでもお好きなお席を」と促され、4席あったカウンターの奥よりの2席に落ち着いた。あらかじめお願いしてあった当夜の献立を店主から直接受け取る。それを以下に記す。

ばい貝とグリーンアスパラの酒盗かけ
＊太刀魚とあん肝の蓮根はさみ揚げ
蒸し鮑・じゅんさい・あおりいかすり身豆腐
＊鰹づけのたたきと大いさきのたたき
赤座海老炭火焼き・こごみ木ノ芽味噌
＊山形牛出汁しゃぶと丸茄子のあんかけ
穴子つみれ・鯨コロ・冬瓜の葛煮
＊桜海老ともろこしの炊き込みごはん
香の物（水茄子・きゅうり・昆布佃煮）
味噌椀（油揚げ・長茄子）
グレープフルーツのムース

＊ジルシは特に気に染まった料理

丸茄子・水茄子・長茄子、店主は3種の茄子に季節を託してきた。涼気がすがすがしい。

うを徳

（うをとく）和食

★

新宿区神楽坂 3-1
03-3269-0360
不定休

松皮の代わりのかぶら蒸し

明治初期の創業。「湯島の白梅」で有名な泉鏡花の「婦系図」に登場する「めの惣」のモデルとして広く世に知られる。もっとも店主の弟さんが近所で、そのまま「めの惣」の暖簾を掲げているから、少々ややこしい。簡素ながらも品のある玄関を入り、期待感の高まりを覚える。2万円のコースの造りに、名代の真鯛松皮作りが不在。おや？　と思ったら、代わりにかぶら蒸しで来た。なるほど。身欠きにしんと海老芋のうま煮、土佐酢でいただく香箱蟹、寒鰤の酒醤油焼き、期待は次々に現実のものとなった。

小室

（こむろ）和食

★

新宿区若宮町 13
03-3235-3332
日祝休

赤いいちごのホーロー鍋

厨房が見渡せるカウンターの特等席で、仕事ぶりをじっくりと拝見。よかったのはお造りの明石の真鯛と北海縞海老。そしてまながつおの西京漬けが当夜のベスト。気になったのは木ノ芽の使いすぎ。さより寿司・新竹の子お椀・白魚&小柱の玉子とじと、三連発はあんまりだ。嫁菜の味噌椀にも粉山椒を振ってきた。店主は器にこだわりを持ち、グラスにもレリックだ、バカラだとうるさい。そのくせ出汁を温めたのが、赤いイチゴ模様のホーロー鍋とは笑わせる。会計は2人で3万4000円。

越野

（こしの）和食

★

新宿区神楽坂 3-1
03-3235-5600
日祝休　夜のみ営業

死後8時間の真子がれい

この3月の料亭街の火災では肝を冷やしたことだろう。焼け出された店には気の毒だが、なんとか類焼が食い止められて生き残った。

石畳の路地の突き当たり、軒先に酒林の下がる粋なガラス戸を引いて、カウンターに落ち着く。土地柄、おまかせ主体のコース料理だけで押してくる料理屋が少なくない中、アラカルトの充実した希少な店だ。しかも得てして割高につく単品注文なのに、値付けがとても良心的。

気の置けない友人と2人、ゆるりと時間を過ごす。ビールのあとはハダカ麦焼酎・兼八をロックで。日本酒党なら、佐渡の北雪か岩国の獺祭でいかがだろう。突き出しは生湯葉と松の実をあしらった水菜のひたし、いかと胡桃を混ぜ込んだ新竹の子の木ノ芽和え。2つの小品だけで前途に多難のないことを確信した。GW前だというのに汗ばむ陽気。おかげで冷奴が食べたくなった。純白の豆腐には、糸がき・針海苔・あさつき・おろし生姜。刺身は真子がれいとそのえんがわ。おろし立てのわさびをチョンと乗せて口元に運ぶ。ほどよいプリプリ感が快い。その朝にメてから、約8時間経過したものだ。銚子に揚がった本まぐろの赤身も極めて良質だった。お次の身欠きにしん焼きが白眉。沖刺し網で捕獲されたもので、皮身はパリッとして身肉はシットリ。特筆は1粒ずつが立ったごはん。あさりの赤味噌椀ともどもお替わりの誘惑にかられること必至。

神楽坂ささ木

（かぐらざかささき）和食

★

新宿区津久戸町 3-14
03-3260-8484
月休　夜のみ営業

ブログの写真が垂涎の的

津久戸八幡神社の真正面で、真正直な日本料理を提供している。それもそのはず、手抜き仕事やあざとい商法など、八幡様は先刻お見通しなのだ。

ＨＰのブログが楽しい。数日ごとに食欲をそそる食材や料理が写真入りで紹介される。原稿執筆の今現在、アップされているのは広島太田川の天然鮎。惰食をむさぼる養殖ものと違い、スリムで形のよいのが3尾勢揃い。口元を引き締めながら目を見開いて、左向け左！　とばかり、笹の葉の上に整列している。実に美味しそうだ。その前日は鹿児島産の赤海胆、その また前は新物の百合根の蜜煮といった塩梅。

予約した席はカウンター。目の前の板前さんがずいぶんと若々しい。店主は奥の厨房を仕切っていた。味噌をなぞったエシャレットで生ビールを飲みつつ、品書きに目を落とす。突き出しの鱈白子ポン酢の質が高い。芋焼酎の佐藤黒に移行して、最初の1皿は皮はぎの薄造り（１８００円）。これを肝ポン酢でいただく。薄造りは肝が食えるぶん、ふぐより皮はぎが重宝する。続いて生にんにくのスライスでやるかつお刺身（１５００円）。悪くはないが、皮目をあぶったタタキを食べてみたかった。フワッときてサクッとくる桜海老かき揚げ（１２００円）は大好きな一品。油で揚げられると小さな甲殻類の香ばしさが引き立つ。鱈ちりと迷った末のなめたがれい煮付け（１４００円）も追加して、支払いは８０００円とちょっと。

真名井

（まない）和食

★ ✿

新宿区神楽坂 5-35
03-3269-3077
月休　夜のみ営業

ごはんと味噌椀に最敬礼

神楽坂通りから出版会館に向かう坂道の途中にある。何度も前を通り掛り、店先の品書きに目を通すこともたびたび。初回は打合せを兼ねて4人で訪れた。カウンターとテーブル主体の店だが、入口そばの左手に小さな座敷が1つ。当夜は個室が好都合、その部屋に上がった。

無事にハナシもまとまって、さっそくビールで乾杯。あとは鹿児島産の芋焼酎・古秘をボトルで取り、ロックでやる。突き出しの若竹煮とまぐろ山かけからしてすでに非凡。前菜代わりに頼んでみた一口ばってら（3カン900円）も花マルだ。味もさることながら、見た目が独創的で、1切れのばってらの真ん中に包丁を入れ、切れ目を折るようにへの字ににぎる。佐渡おけさのおけさ笠のようにして、上から白板昆布を1枚。初めて見るアイデアだが、こんな工夫は大好きだ。

刺盛りは、かつお・黒むつ・槍いか・赤貝。かつおのために、にんにくをお願いすると、嫌な顔もせずに応じてくれた。鵡川産のししゃも（3尾900円）はその質と値段に脱帽。プックリ太った子持ちのメスは最高だ。きざんだ玉ねぎ入りの醤油ソースで食べる和牛ロースの網焼きは、和風シャリアピンステーキの趣きだ。新香に手抜かりなく、豆腐とわかめの味噌椀とごはんの美味しさには最敬礼。これで1人1万円でオツリが来た。期待を込めての一ツ星だが、刺身にはぜひ本わさびを使ってほしい。

渡津海

（わたつみ）和食

新宿区神楽坂 5-30
03-3267-6415
土日祝休　夜のみ営業

おおみぞ貝と初がつお

わたつみとは海の神。「聞け、わだつみの声」のわだつみは、わたつみが転じたもの。映画「日本沈没」の有人潜水調査艇も「わだつみ」だった。店名通り、海の幸が自慢の日本料理店。春先の初がつおに瞠目した。にんにくを使わないのが残念だが、生姜でやった3切れの背身と2切れの腹身が忘れられない。根三つ葉のひたしや花わさびの三杯酢など、チョコッとしたものも気が利いている。裏通りにあった移転前、とり貝の親分みたいなおおみぞ貝を出されたが、それ以来その貝とは1度も出会っていない。

我善坊

（がぜんぼう）和食

新宿区神楽坂 5-7
03-3268-6616
日祝休　夜のみ営業

和風ではない和食の店

英国のパブのような雰囲気を持つ和食店。創作的な料理も得意だが、奇をてらったものではなく、店主の舌と腕に裏打ちされたものばかり。おまかせの酒肴の膳六品（３８００円）をお願いすると、帆立とブロッコリーのトマトソース・平目カルパッチョ・金時豆マリネ・粟麩味噌田楽・ずわい蟹のオムレツ・牛肉スープ煮で、それぞれが秀作。鱈白子の醤油焼きや海老の揚げしんじょもよかった。この初夏には稚鮎天ぷら・海胆のココット焼き・前沢牛ランプ炙り焼きを。ワイン・洋酒を含めて酒類が極めて豊富。

むら田

（むらた）秋田料理

★ ♥

新宿区神楽坂 6-8-31 神楽坂西谷ビル 6F
03-5261-2988
日祝休　夜のみ営業

美人女将が美人ママに変身

神楽坂の隠れ家中の隠れ家。秋田の郷土色を前面に出した健康料理が自慢。「カラダにいいから食べなさい」と強制されると食欲が萎えるが「美味しいから食べてみて」と勧められれば食欲が増す。「むら田」の料理はカラダによくて美味しいから、一石二鳥の鬼に金棒。

きっかけは友人のN戸夫妻。浅草のバー「U」で知り合って以来、月に1度は食卓を囲む仲なのだが、彼らに案内されて初訪問。誰にも出会いそうにないこの店でどうしたことか、今度は銀座のバー「M」の常連客・F森さんにバッタリ。お互い言葉を失った。長い人生にはこんなこともあるんですな。

秋田名物・じゅんさい＆ぎばさでビールを飲んだら、黒糖焼酎・長雲に切り替えて、とんぶり＆長芋を。薩摩の焼酎・長雲で、羽後の根菜・長芋を楽しんだわけだ。ふきのとう味噌には秋田の地酒がほしくなるが、チャンポンは避けるに越したことはない。続いて花ニラ・うるい・かたくりのおひたしトリオが登場。こういうものを口にすると、清流でカラダを洗われているような気がしてくる。山菜ばかりじゃ明日への活力につながらない。そこで玉子焼き・さば塩焼き・鯨ベーコンなども登場してくる。

22時を回ると、秋田料理の店は即席クラブに早変わり。美人女将が美人ママに変身だ。客は常連ばかりだから、カラオケが始まったりもしながら、神楽坂の夜はにぎやかに更けてゆく。

お腹袋

（おふくろ）居酒屋

新宿区神楽坂 1-11-2
03-3269-3638
土日祝休

思いのままに選べる突き出し

店先に常磐津教室の看板が掛かっている。板場で包丁を握る店主は常磐津のお師匠さん。カウンターの大皿から客がめいめいに好きなものを一品選び、これが突き出しとなるシステムは気が利いている。きんぴら・ポテトサラダ・玉こんにゃくなどの中から、ひしこいわしの甘露煮を指し示すと3本付けできた。それに女将さんが漬けたのだろうか、ぬか漬けもスッと出る。〆さば・本まぐろ刺身・黒豚ソテー・どんどん焼きと、守備範囲は広い。上物の北海道産たらこは半腹2000円で、これがこの店の最高額。

龍公亭

（りゅうこうてい）中国料理

新宿区神楽坂 3-5
03-3260-4848

来春にはリオープン

ただいま2008年4月のオープンに向けて建替え工事中。その間を利用してか、若きシェフは新丸ビルの「SO TIRED」に長期出張中。再開に合わせて復帰するのかどうかは知らない。去年末、休業前の「龍公亭」にて小宴を張った。前菜の三拼盆の白油鶏が二重丸。ニラ餃子・春巻の点心類もまずまず。トントロ肉の黒酢豚・牛ヒレ肉の黒胡椒炒め・油芯菜と赤&黄ピーマンの炒め・海老焼きそばなど、全体に控えめな優しい味付けは、化調を多用されるよりマシだ。会計は1人5000円と、割安感があった。

松の実

（まつのみ）韓国料理

新宿区神楽坂 4-2
03-3267-1519
日休　夜のみ営業

韓国風の手巻き寿司

毘沙門天前の路地にある韓国薬膳&家庭料理の店はこの5月で開店8周年。住宅の応接間で営業を続けてきた。座敷に3卓、板の間に1卓の4人掛けでキャパは16名。無理してもあと2～3名が限界か。予約は3名から受け付けてくれ、当日のドタキャンは厳しくチャージされる。季節ごとに微妙に変わるメニューは5500円のコース1種のみ。カードでの支払いは不可。

抜けるような青空が広がる初夏の土曜に訪れた。幸運なことに、その夜は月に1度の韓国民族音楽の夕べ。予約時の約束通りに18時前に入店する。チマ・チョゴリに身を包んだ2人の韓国女性によるカヤグム（膝琴）とチャング（杖鼓）の調べに耳を傾ける。

夏のコースは以下の通り。松の実粥・九節板・そば粉のムゥ・茄子のカジヂョン・牛肉串焼き&ナムル・アスパラと山芋のチヂミ・白菜キムチ・帆立貝のペジュフェ・参鶏湯・柚子の寒天ゼリー・とうもろこし茶。印象に残ったのはグジョルパンと発音する九節板。韓国伝統の五味五色からなる手巻き寿司風クレープは小麦粉の薄い皮に牛肉・しいたけ・錦糸玉子・ナムルなどを各自手巻きにして食す。色鮮やかで味付けも繊細、一食の価値があった。ムゥは言わば、韓国の葛餅。カジヂョンは油焼き。ペジュフェは刺身と説明されたが実際は湯引きであった。ひょうたんの殻の柄杓で、甕から汲み分けるマッコリの酔いが心地よい。

ラ・トゥーエル

フランス料理

★

新宿区神楽坂 6-8 ボルゴ大〆 2F
03-3267-2120
月休　第1・3火曜休

鴨が噛めずに砂を噛む

瀟洒な2階建ての2階。ボルゴ大〆という名のビルだから、オーナーは向かいの大阪寿司店「大〆」だろう。大締めが元締めというわけだ。

初訪問は2000年1月。ジョルジュ・リニエのクロ・ド・ラ・ロッシュ'93年を奮発して、数々の料理に舌鼓を打った。アミューズの沖縄黒豚は単なるチャーシューなのに実に滋味深い。フォワグラのロワイヤルはオレンジの蜂蜜とソーテルヌが繊細にマッチして、それぞれの特性が活きている。幼鴨のローストのみ、オレンジのマーマレードが少々邪魔をしていた。

本書のために再訪。シェフは系列の店に移ったようだ。赤ワインはトプノー・マルムのモレ・サン・ドニ'02年をお願いして、料理はプリフィクスとアラカルトの二本立て。ランド産鴨フォワグラのソテーは味付けが濃い上にシツコいからすぐ飽きる。毛蟹と帆立のミルフィーユにオマール海老とラングスティーヌのソテーを合わせた前菜は食べ応えありだが、特筆に値する出来映え。悔やむべきはシャラン産窒息鴨のローストで、身肉が筋っぽくて噛み切れず、おまけに付合わせのセップ茸の砂がジャリっときて、文字通り砂を噛む思いをする。会計は2人で約5万円弱とけっこうなお値段だ。フランス人が多いわりに、神楽坂のフレンチのレベルは一向に上向かない。辛うじての一ツ星ながら、料理は以前のほうがよかったし、接客も冷ややかで心がこもっていない。

ブラッスリー・グー

フランス料理

新宿区矢来町82
03-3268-7157
日休

コスト管理がなせるワザ

ビストロとブラッスリーのひしめき合う神楽坂にあって、予約の取りにくい人気店。その最大の理由は、前菜・主菜・デセールのプリフィクスが2940円という誰もが微笑む料金設定。しかも料理はボリューム満点だから、男女を問わずに若者が殺到する仕組み。最近の若者、特に女性が店を選ぶときのコスト意識はかなりシビアで、このような価格優良店はたちまち彼女たちのアンテナに引っかかる。店側もこの流れに乗ってしまえば、宣伝に労力を費やす必要がなくなり、もっぱらコストのコントロールに神経を集中すればよい。

前菜はテリーヌなど作り置きの利く皿がほとんど。これなら皿出しもスムースで、食材のロスも少ない。主菜も仕入れ値が張り、日持ちのしない魚介類を極力圧縮する。真鯛やすずきなど、日に1～2種類しか仕入れていないはずだ。

ハイネケンの生で喉を潤し、R・デュボワのニュイ・サン・ジョルジュ'02年（6300円）を抜いたが、当たり外れの少ないニュイが最後まで硬かったのは誤算。前菜は豚のゼリー寄せ、玉ねぎのキッシュ&帆立のムース。主菜はうずらのファルシ、牛タンのポワレ。以上4皿ともに上々のデキで失敗作はなし。中でも玉ねぎのキッシュは秀作だった。前菜には生野菜、主菜には温野菜と野菜たっぷりで、客の健康にも配慮してくれている。しばらくの間、この店が集客に苦労することはあるまい。

ル・ロワズィール

フランス料理

新宿区神楽坂 3-2
03-3266-0633
無休

料理はソースでキマるもの

ほとんどの客が前菜・主菜・デセールからなる3675円のプリフィクスを注文。主菜が魚・肉料理の2皿となる5250円の方は相当なボリュームだから、よほどの健啖家でもなければ、持て余してしまう。前菜の冷製乳飲み仔牛すね肉のラヴィゴットソースが本物の仔牛でうれしい驚き。ゼラチン質もたっぷりと、酸味の利いたラヴィゴットとは相性がとてもよい。主菜では子鴨ローストのオレンジソースが特筆。ミッシリとした肉質にオレンジの風味が食欲をかき立てる。魚介類に充実を見れば一ツ星。

ビストロ・ド・バーブ

フランス料理

新宿区納戸町 15-9
03-3269-2231
日休

客をなめたらイカンぜよ！

3皿コースが3950円と廉価なようで、アミューズが450円もするから実質4400円。支払いも現金のみ。ここかしこにあざとい商法が見え隠れする。19時過ぎの時点で、主菜のスペシャル4品のうち、イベリコ豚肩ロースのロースト1品しか残っていなかった。しかも客はほかに10名だけ。これはヒドい。客に対する侮辱と糾弾されても言い訳できまい。コスト削減もここまでやると、飲食店を営む意味がない。二百選に残りはしたが順位はブービーか最下位。サッカーだったら即、入れ替え戦だ。

ラ・ブラスリー・ドゥ・ランスティテュ

フランス料理

新宿区市ヶ谷船河原町15
03-5206-2741
月祝休　日夜休

そよ風に枇杷が揺れていた

東京日仏学院内のブラッスリー。日仏学院が在日仏大使館の公式文化センターという性質上、仏人スタッフが多い。初回の2002年5月の夜はラングドックの赤とともに、めかじきのカルパッチョ、鶏レバーのムース、骨付き仔羊のロースト、牛フィレステーキと食べ進んで、花マル料理は鶏レバー。全体としてテリーヌ系は豊富だが、魚介類が寂しいという印象。その後は長いことごぶさたしていた。

その空間を埋めるために再訪。ネットのカキコミによれば、ずいぶんとサービスが荒れている由、それをこの目で確かめなければ。前回がディナーだったので、昼の予約を入れる。

陽光うららかな日曜日。さわやかな風が吹き抜けるテラスの木陰で取る昼食は格別だ。デジュネはA（1650円）、B（2100円）、C（2700円）の3種類。前菜・主菜・カフェのAと、それにデセールが付くBを相方と取り分けた。ちなみにCはB＋フロマージュ。

前菜は懐かしの鶏レバーに鴨ロースと砂肝入りのサラダ・グルマン。それに豚耳たっぷりのアンドゥイエット。主菜は鴨のコンフィとステーキ・フリッツ。日本人の手になる料理でないことがダイレクトに伝わってくる。長身・短髪・眼鏡のギャルソンはナイスガイで、接客にも好感が持てた。庭の片隅に1本の枇杷の木。たわわに実った枇杷の実がそよ風のゆりかごにゆれる暖かい6月の昼下がり。

レ・ブランドゥ

フランス料理

★ ♥

新宿区矢来町61
03-5261-8151
日休　土曜夜のみ営業

同じ土俵に真だことすずき

キュイジーヌ・ナチュレールを高らかに謳う。マクロビオティックにもベジタリアニズムにも柔軟に対応する。その分野にはまったく無縁の身につき、あまりうれしくないし、むしろありがた迷惑なのだが、その道まっしぐらの方には金科玉条的なご託宣と相成ろう。

ビオワインに地ビール、オーガニック野菜に瀬戸内海の天然魚介。これほどこだわりを持たれると、つい支払いが心配になってくる。那須高原の深山ピルスナーを飲みつつ、そんな不安が頭をもたげるのを実感していた。ワインは白1本に赤3本、4人で計4本をカラにした。

1皿目はかの有名な鳴門のフィッシャーマン・村公一さんのすずきと鞆の浦産真だこのカルパッチョ盛合わせ。これがべらぼうに旨い。かたや瀬戸内海の東の入り口、こなた瀬戸内海のど真ん中、それぞれの雄が1枚の皿上に相まみえている。殊に厚切りの皮目だけをあぶり、冷製で供するすずきが圧巻。活車海老のグリル、白アスパラのカルボナーラ、オシェトラキャヴィアのフェデリーニと食べ進む。締めくくりのメインは熟考の末に3皿。同じく村さんの真鯛丸1匹を使ったアクアパッツァ、西崎ファーム産オーガニック・クロワゼ鴨のロースト、北海道・名寄町産サフォーク種仔羊のグリリア。甲乙つけがたいが、肉質に優れた仔羊が一頭抜きん出ていたか。4人で9万2000円のお勘定に誰もが納得の夜であった。

カフェ クレープリー・ル・ブルターニュ

フランス料理

新宿区神楽坂 4-2-13
03-3235-3001
月休　祝日の場合は営業

功績に敬意を表して

パリでクレープと呼ばれていても、ブルターニュではガレット。そば粉のクレープのことだが、寒風吹き荒れるブルターニュの地ではそばくらいしか育たないのだろうか。神楽坂に開店して早や10年あまり。価格設定がいくぶん割高で、これなら近所のビストロのほうが満足できそうだが、不思議と客入りは悪くない。うさぎのテリーヌ、ニース風サラダなど、料理も傑出したものではない。それではなぜに二百選入り?日本になじみの薄かった食べものを紹介してくれた功績に敬意を表したまでのこと。

リストランテ・アルベラータ

イタリア料理

新宿区神楽坂 5-30KM ビル 3F
03-5225-3033
月休　第 1 火曜休

過小評価されたシェフ

神楽坂では「ラストリカート」に次ぐイタリア料理店。鹿肉のラグーを添えたポレンタと栗のラヴィオリ、鳩のローストにその内臓のソース、シェフの意欲的な料理が並ぶ。仔牛の煮込みのカネロニなど、久しぶりにカネロニの名をメニューに見た気がする。通常イタリアンではパスタを主菜のあとにいただくが、この店で初めて拒絶された。厨房に確かめもせず、調理の手順に支障を来すとマネージャーが即答したのだ。メニューから力量を推し量ると、シェフにその程度のことは朝飯前のハズですぜ。

ラストリカート

イタリア料理

★ ♥

新宿区納戸町 12
03-5261-4226
月休　夜のみ営業（日曜昼営業あり
第 1・3 週はお子様連れ限定）

必食は豪州産仔牛

優れた赤ワインとの出会いが楽しみな1軒。リパ・デッレ・マーレには中盤からもう一伸びほしかったが、アントニオーロのガッティナーラとカスチーナ・モラッシーノのバルバレスコはともに花丸ジルシ。こんなワインとの遭遇がうれしくて数回訪れた。

初回は3年前。店内の一風変わったレイアウトがリラックスを呼んでいい感じ。サービスは親しみやすさの中にも節目節目は丁寧で好印象。ニュージーランド産手長海老のグリル、生海胆&バジル入りトマトソースのいか墨タリオリーニ、豪州産シャロレ種仔牛のサルティンボッカが当夜のベストスリーとなった。会計は1人1万2000円ほど。

3週間後にウラを返した。そのときは穴子&天豆のフリット、真鯛&野菜のグリルに続いた乳呑み仔羊のバラ肉&内臓の煮込みが優秀作。仔羊に添えられたウンブリア産夏トリュフは、秋のホンモノにはほど遠い。念を入れてそれがたっぷり入ったフェデリーニのバター風味にも挑戦してみたが、やはり香りはイマイチ。逆にバターのシツッコさが鼻に付く始末。

以来、必ず注文するのはシャロレ種の仔牛。メニューにはミラノ風カツレツしか載っていないが、リクエストすれば、グリルでもソテーでも作ってくれる。仔牛は繊細すぎて牛肉を食べた気がしないという向きには岩手産の短角牛がいい。霜降りとは異なる赤身肉の旨みが特徴のイタリア料理に適した和牛である。

ala

（あら）イタリア料理

新宿区神楽坂3-6 金井ビルB1
03-3260-5747
月休　平日は夜のみ営業

タリオリーニは海老づくし

地下への階段を下りながら、既視感にとらわれる。店内を見回して気が付いた。デジャヴュでも何でもなかった、以前ここはフレンチの「Shara Diner」があった場所。1階には「Shara Bar」が今も健在だから、地下だけ撤退したか、今はサブレントに出しているのかもしれない。

イタリア産ビールのモレッティを所望すると、冷えがたりないと言うので、繋ぎにモルツの生。赤ワインは珍しくも南イタリアはカラブリア産のチラ・リゼルヴァ・デュカ・サンフェリーチェ'01年。南のセパージュは好まぬが、ガルオッポというぶどうが1860年の伝染病から生き残った品種と聞いて飲みたくなったのだ。結果はやはり南のぶどうの味がした。

アラカルトとプリフィクス（3980円）を2人でシェアした結果、二重丸は2皿。ホロホロ鳥とその白レバーのテリーヌは味・ボリュームともに食べ応えがあり、竹の子のピクルスや木ノ芽&和辛子のソースともマッチ。干し海老を練りこんだタリオリーニは桜海老・海老味噌・生海苔のソースで食べさせる海老づくし。

懐かしのイタリアン・ポップスのBGMが耳に心地よい。ジャンニ・モランディの「サンライト・ツイスト」、アリダ・ケッリの「死ぬほど愛して」、それぞれに青春の一コマが刻み込まれている。見送りに出てくれたシェフが、サッカーの名レフェリー・コッリーナ氏にそっくりで、これにはビックリ仰天。

Zio

（じいお）イタリア料理

♥

新宿区神楽坂 3-1
03-3267-1995
無休　平日は夜のみ営業

開けてびっくり玉手箱

六本木のホテルアイビスより移転してきたのが2005年11月。アイビスと言えば「サバティーニ六本木」が入居しているから、1つのホテルに2軒のイタリアンはもともと難しかったのかもしれない。ピッツェリア&ジェラテリアの謳い文句に、若い女性狙いの匂いを嗅ぎ取って軽視してきたが、本書の取材に訪れてびっくり。大好きなシチリア産ビールのメッシーナを一気にやって気分よくスタート。水牛のマルゲリータ、岩中豚と地鶏のグリルが花マル。エスプレッソもいい豆を使っているのか香り高い。

アガディール

モロッコ料理

新宿区神楽坂 3-6
03-3266-1767
無休

クスクスは別盛りで

都内最古のモロッコ料理店は都内唯一を兼ねるのかもしれない。高田馬場の「クスクス」はあえて北アフリカ料理を宣言しているからだ。ゲルーアン（3200円）なるモロッコ産赤ワインが、隣国アルジェリアの銘酒・プレジダンを偲ばせて秀逸。シーフードのシガール、羊肉のカバブともにいい味ながら、カバブの羊肉の絶対量が不足して満足度も中くらい。多彩なクスクスも具材がやや貧弱だ。スムール（挽き割り小麦）の上からスープをザバッと掛けてくるのも無粋。キチンと別皿に盛ってほしい。

キッチンめとろ

カレー

新宿区神楽坂 2-10
03-3260-4952
土日祝休

イチ推しの焼肉カレー

神楽坂を上り始めてすぐ右側の神楽小路にある。カレーショップの中ではもっともリピート率の高い店。と言っても年に1度程度なのだが、めったにリピートしないJ. C.にとっては稀有なケースだ。平凡なカレーにもかかわらず、平凡な旨さにあふれている。豚バラの焼肉を一緒盛りにした焼肉カレー（770円）が気に入りで、注文するのはいつもこれ。焼肉とカレーでライスを半分ずつ食べるのだが、この焼肉がカレーに勝るとも劣らない。サービス焼肉定食（740円）が一番人気というのもうなずける。

東京

二百選にあと一歩の優良店

吉風庵

（きっぷあん）そば

千代田区神田神保町 2-48
03-3262-5056
日祝休　第 2・4 土曜休ほかの土曜は昼のみ営業

低価格を支える押出し式

抑えた料金設定を考慮すると、二百選の当落線上ながら、あと半歩及ばず。そば粉十割の吉風そば（380円）・更科（480円）・石挽き（580円）・韃靼（700円）と4種類を打ち分けるそばの広角打法。元祖・広角の張本勲氏も真っ青と言いたいところだが、ここのそばは平壌冷麺の如くに押出し式。吉風そばは中細長めの濃いあずき色でコシが強く、十割なのにプツンと切れない。つゆも合格ながら、ニセわさびと雑なきざみねぎが減点材料。スタッフは揃ってネクラのわりに私語だけは多い。

大川や

（おおかわや）そば

千代田区九段南 3-4-2
03-3234-8887
日祝休

悲しからずや本わさび

初がつおの土佐造り（1200円）でエビスの生をやりながら、どうもピンと来ない。かつおには、玉ねぎ・にんにく・貝割れ・小ねぎに、紅葉おろしも添えられているが、甘めのポン酢が災いしたようだ。せいろと粗挽きを盛合わせた二色せいろ（900円）をお願い。細打ちのせいろはモチモチ感と噛みしめ感が同居する。色が濃く星が散る粗挽きも細打ちながら、弾力に富んでいる。甘みを完全に排除したつゆは好みではない。さらしねぎはとても丁寧。辛味を失った水っぽい本わさびが悲しかった。

よし房 凜

(よしぼう りん) そば

文京区根津 2-36-1
03-3823-8454
火休

かき揚げよ溶けるなかれ!

一の蔵の無鑑査本醸造を常温でやりながら、つまみに3種の珍品。そば刺身は薄い板状で生八ツ橋そっくり。味わい深いがニセわさびが不始末。鴨ハツ焼きは鳥のハツよりもコクがあり、柚子胡椒で楽しむ。天抜きはつゆにかき揚げがドボンと浸かっている。材料は小海老・小柱・干し桜海老・三つ葉だが、一瞬にしてつゆに溶けて無情にもドロンドロン。香り高いせいろ（750円）はコシが強く、つゆはほどよい甘みに鰹節も主張する。ニセわさびと溶けるかき揚げが改善すれば二百選入りのレベル。

かねいち

うなぎ

台東区東上野 1-23-5
03-3831-7122
土日祝休

兄は上野で弟は神田

勝手気ままに散歩でもしていなければ、まず見つからない店だった。ここは神保町「うなぎのかねいち」の店主のお兄さんの店で、やはりブラブラしていて偶然に出会った。店先の出前用バイクが玄関の半分をふさいでしまって、食べもの商売としてはほめられたことではない。店内の整理整頓も苦手なようだ。期待はできないと思いつつもうな丼（1200円）と肝焼き（300円）を所望する。ところが3/4尾使用のうな丼も肝焼きも期待以上の出来映え。ごはんとタレのからみもよく、うれしい誤算。

丸井商店

（まるいしょうてん）うなぎ

台東区谷中 1-4-2
03-3821-3574
火休

脇のきゅうりがありがたい

うなぎ屋が少ない根津・谷中界隈で貴重な1軒は出前中心。店内にはテーブルが2つにほとんど使われていない小上がり。電話で到着時間を伝えておくと待たずに済む。もっとも人情味にあふれて、話好きの女将さんが相手をしてくれるから、退屈することはない。うな重は1700円から2600円まで3種類。一番小さいのでじゅうぶんだ。皮がパリッと焼かれ、タレは濃いめのごはんは硬め。肝吸い（300円）には大きな肝と良質の若い三つ葉。鉢にたっぷり盛られたきゅうりのぬか漬けが特筆。

串焼きてっ平

（くしやきてっぺい）焼き鳥

新宿区津久戸町 3-5
03-3235-1468
日祝休　夜のみ営業

親子対決は親父に軍配

近所の一夜干し「ちょい干してっ平」はここの主人の息子さんの店。息子がサカナ、親父がチキンを焼いているが、親父に一日の長あり。芋焼酎の黄麹蔵で新香盛り合わせ。かぼちゃ・セロリのぬか漬けが珍しく、紫玉ねぎのアーリィレッドは新鮮な美味しさ。焼き鳥では以下の4品が二重丸。ももの付け根のナンコツのぼっち、粗挽きにしたつくね、せせり（首肉）とにんにくの挟み焼き、タレをからめた背肝。鳥スープで締めて1人5000円弱のお勘定。素材だけに頼らぬ、アイデアにも秀でた焼き鳥だった。

万平
(まんぺい) とんかつ

千代田区神田須田町 1-11
03-3251-4996
日祝休　土曜は昼のみ営業

足を引っ張るハンバーグ

昼のサービスメニューはなく、昼夜同じもので勝負して、ある意味潔い。ロースカツ定食（1500円）のカツは厚めの横長。柔らかく揚がって脂身もほどよいが、キャベツの水切りが悪いのは難点。味噌汁には絹ごし豆腐のみ。白菜新香は上々で、ごはんも標準以上。名物のハンバーグは薄焼き玉子に包まれたオムライス状。上手に焼かれていながら、しょっぱいソースが台無しにしている。改善されれば二百選入りも視野に。冬場には広田湾米崎産の良質なかきを使ったフライとバタ焼きが楽しみだ。

とんかつ おかむら
とんかつ

新宿区神楽坂 3-6-89
03-3235-9196
土祝休　日曜は夜のみ営業

気に入りは生姜焼き

家族経営風のとんかつ店で食べた定食は3種類。平田牧場の三元豚を使った特上ロースカツ（2050円）は高水準ながら、惜しいかなコロモの付きと揚げ油が好みではなかった。ずんぐり丸く太ったのが3本付きの海老フライ（1730円）もコロモが厚くタルタルソースに重さを感じてしまう。3品の中で一番好きなのは豚ロース生姜焼き（1315円）。ほどよい脂身に甘辛の味付けのバランスもよく、ごはんの相方に最適だった。夜にはつまみ類も揃うが、あまり酒を飲んでる客は目にしない。

根津呼友

（ねづこゆう）和食

文京区根津 2-21-9
03-3823-5533
日祝休

相変わらずの婦唱夫随

根津の裏路地に清潔な品書き・暖簾・引き戸の3セット。適当な酒処を探していた折も折、一も二もなく飛び込んだ。肝付きの真子がれいには本わさび。鯛かぶと炭火焼は1000円でこの味このサイズの感動もの。梅干しとバターが反発し合う牡蠣焼き飯は失敗作だが相対的に好印象。高めの勘定、接客に向かない姉、おとなしすぎる弟が総合的に心配。あとで知ったが2人は姉弟ではなく夫婦だった。相変わらずのコンビに苦笑しながら、お値打ちの刺身付き野菜天ぷら定食（1250円）を味わって旨し。

食堂もり川

（しょくどうもりかわ）食堂

文京区本郷 5-30-16
03-3811-1819
日祝休　第2・4土曜休

ちょいと敷居が高くなり

ビルに改装されてモダンになって、店名も「もり川食堂」から「食堂もり川」に変わったようだ。「東大生と共に百年」のキャッチコピーが目にまぶしい。最近の東大生の懐具合はトンと存ぜぬが、彼らには少々キビシい価格設定ではないかな？　海老フライ&ハンバーグ定食（1000円）は改装前には950円だったハズと思いつつ、食券を買い求める。メニューの数が半端じゃないのに食券制では落ち着いて選ぶひまがない。定食には生野菜・ポテサラ・竹輪と野菜の煮物が付いて栄養満点。これは評価したい。

動坂食堂

（どうざかしょくどう）食堂

文京区千駄木 4-13-6
03-3828-4498
日祝休

揚げものよりも焼き魚

朝の10時から夜の10時までノンストップ営業の大衆食堂は地元の人たちの胃袋を支えている。3年前のメンチカツが塩辛い上にパン粉も硬くて、再訪に及ばず！　と決めていた。ところが焼き魚の評判を聞きつけ、さんま塩焼き定食（780円）を食べに出掛けると、15分ほど待たされたものの、大根おろしたっぷりで満足度は高かった。たくあんはショボいけれど、小あさりの味噌汁はなかなか。化調をもう少し控えてくれれば言うことなし。小鉢の種類が豊富につき、栄養をつけたいときに訪れたい。

お茶とごはんや

（おちゃとごはんや）和食

文京区千駄木 3-42-8
03-5814-8131
日休

お櫃ごはんは変わらない

以前は巣鴨の真性寺の脇で「ごはんや」の暖簾を掲げていた。真性寺は江戸六地蔵の1つに数えられ、芭蕉の「白露もこぼれぬ萩の　うねりかな」の句碑でも有名。9年前に巣鴨で、かきと豆腐の低カロリー煮のほか数品からなる定食（2310円）に大出費ながらも大満足。夫婦と少女の切り盛りだったが、ここも同じ組み合わせ。若い娘は少女が成長した姿なのだろうか？　秋刀魚の粗塩焼き定食（950円）にはモロヘイヤひたしや新じゃがバターも添えられ、ごはんは当時のままに炊き立てのお櫃入り。

つばめや

居酒屋

文京区根津 2-10-12
03-3823-5697
月祝休　夜のみ営業

早くはないが熱くなる

安い・旨い・多い！　早くはないが、代わりに熱い！　何が熱いのかというと、店主がときとして熱くなるのである。丁寧な接客の奥さんが傍目にも気の毒。牛もつ煮込み（500円）は他店の2倍、ほうれん草のおひたし（480円）は実に4倍の量。ポパイじゃあるまいし、こんなには食べられん。鯛かぶと煮（750円）もデカかった。2人で出掛け、料理はこれで打ち止め。スーパードライの生、いも神のロック、上善水如の冷酒をやり、お勘定は6000円弱。旦那さん、奥さんにはもっと優しくネ。

キッチン・グラン

洋食

千代田区神田神保町 2-24
03-3262-2819
日休

アッという間に皿が出る

隣りの「さぶちゃん」とはオヤジさん同士が兄弟。カウンターだけの洋食屋は早さとボリュームをウリとしている。6年ぶりに再チェックに赴くと、接客に当たるお母さんに変わりはないが、調理担当のオヤジさんがグンと若返っていて、これは息子だろう。数少ないメニューからピーマン肉詰めが消えていた。生姜焼き・とんかつ・ハンバーグ・メンチカツの4品だけで勝負。あとは生姜焼きとほかの3品のいずれかの盛合わせのみだ。訪れるのは単独の男性客ばかりで、女性客はまず見掛けることがない。

レストラン・ベア

洋食

台東区東上野 2-2-9
03-3831-6430
日祝休

おひやを注いだヘルメット

つい最近のこと。前を通り掛ったら店が跡形もなく消えていた。すぐ近くの白鷗高校そばに移転したのだが、それに伴って心和むサンプルケースが撤去された。その日のAランチ（750円）は3点盛り。スカスカの海老フライと蟹の姿な き蟹コロッケにはがっかりだが、たっぷりの大根おろしを添えた和風ハンバーグがいい。立て混む店には出前注文の電話が引っ切りなし。ヘルメット姿の男に突然おひやを注がれてびっくりしたら、出前担当のアンちゃんだった。おいおい、おどかさないでおくれよ。

キッチンみつむら

洋食

台東区下谷 2-5-24
03-3873-3657
日祝休　土曜は昼のみ営業

黄色い髪もそのままに

ここでも初回はAランチ（750円）。おろしを添えた和風ハンバーグに、きすフライとポテトコロッケ。何やら前述の「レストラン・ベア」にそっくりだ。夫婦2人だけだが近所に弁当を出前したりもして、そんなところまで似ている。黄色に染めた奥さんの髪の毛は1度見たら忘れられない。GW明けに3年ぶりで再訪すると、黄色い髪もそのままに、Aランチの値段も据え置いたまま。組み合わせだけが和風ハンバーグとジャーマンオムレツになっていた。蟹コロッケやビーフカレーも標準以上のものを出す。

ニッキ ニャッキ

パスタ

台東区台東 1-5-26
03-3833-0275
日祝休　第2土曜休（他の土曜は昼のみ営業）

意外にも本格派

愛猫を病院に連れていく途中、籠から逃げ出されたのを、捕まえようとして偶然発見した。ランチタイムは席を確保できずに、あきらめて帰る客も。A－モッツァレッラとバジルのトマト、B－からすみ添えのじゃこと水菜のガーリック、C－ボロネーゼの中からCランチ（800円）を選択。これに小サラダ・バゲット・コーヒー or 紅茶が付く。飲みものはそれぞれのアイス、エスプレッソ、ジュース類もOK。パルミジャーノをたっぷり振って食べたボロネーゼからは意外にも本場風の風味が立ち上っていた。

ラ・ビチュード

フランス料理

新宿区南山伏町 3-5
03-3260-8784
月休

ちょっと見安いプリフィクス

前菜&主菜のプリフィクスが2500円。神楽坂のビストロは一見、安売り合戦の様を呈している。しかし、巧みに仕組まれた追加料金のせいでいざ会計となると、おやおやこんなに飲み食いしちゃったっけ？　てなことになるケースも多い。仕入れコストが高いから、自ずと品揃えが寂しくなる魚介類にも不満がつのる。鱈のポワレのブール・ブランはあっさり仕上げ。バヴェットステーキのポルト酒ソースはしょっぱい。仔羊のローストが水準に達していても、姉妹店「ル・ロワズィール」のほうが上と見た。

タベルネッタ・アグレスト

イタリア料理

文京区小石川 4-18-5
03-5800-5550
無休

桜の下で桜肉

今でこそ小ジャレたレストランが立ち並ぶ桜の名所・播磨坂。数年前はこのイタリアンが1軒だけポツリとあった。同業の「タンタ・ローバ」がいきなり隣りに開店して、びっくり仰天したかどうかは知らないが、傍目には上手く共存しているように見える。桜の季節に訪れて大失敗。この時期はクリスマスに匹敵するほどの稼ぎどき。サービスがおろそかになるのも致し方ないか。前菜のカプレーゼ・スモークサーモン・馬肉のタルタルはどれもイマイチ。満開の桜に合わせた桜肉の発想はよかったけれど…。

リストランテ・ステファノ

イタリア料理

新宿区神楽坂 6-47
03-5228-7515
月休

腕より素材が問題点

ヴェネト州を中心とした北イタリア料理店。取り揃えたワインもエミリア・ロマーニャ州が南限と、トスカーナ州のキャンティすら置かないのだから徹底している。昼にアンチョヴィと玉ねぎのビゴリを食べ、感触が悪くないのでウラを返してがっかり。食材のクォーリティが低く、ムール貝やカエルなど問題外だ。それでも北イタリアに特化している点と、多種多彩なパスタとリゾットには敬意を表したい。殊にいか墨のリゾットは秀逸だった。もうひと踏ん張りでっせ、シニョール・ステファノ！

雲林

（ゆんりん）中国料理

千代田区神田須田町 1-17
第 2F&F ロイヤルビル 2F
03-3252-3226
日休

中華を食べた気がしない

ビルの2階というハンデを克服するためか、意匠としての玄関脇のテーブルや玉砂利に飛び石のアプローチなど、工夫の跡が見える。天井は低いが個室風に配された食卓は客の居心地に貢献している。昼の海鮮あんかけ焼きそば（1300円）はピンとこなかった。ごく当たり前で退屈と言っては、言いすぎか。夜に再訪する気になれず、ランチコース（2700円）を食べてみると、ふかひれ入りスープや牛フィレ肉は美味しいものの、チマチマッとして中華の醍醐味が味わえない。結果として二百選もれ。

過橋米線

（かきょうべいせん）中国料理

千代田区外神田 6-5-11
03-3835-7520
無休

イチ推しはタイトルロール

中国雲南地方の料理が自慢。家庭的な雰囲気の中で、明るく親切な接客ぶりに心温まる。よその中国料理店でつっけんどんにして冷ややかな扱いを受けていると、まるで別世界にいるようだ。1品300円ほどの小菜は値段が値段だけに多くは望めない。店名にもなっている言わばタイトルロールの過橋米線はベトナムのフォーのような太目のライスヌードル。つけ麺のようでもあり、釜揚げうどんのようでもある。運ばれてきたら間髪いれず、多彩な具材と一緒に熱々のスープにくぐらせて食べるのだ。

ルー・ド・メール

カレー・洋食

千代田区内神田 2-14-3
03-5298-4390
土祝休

カレーよりもマカロニサラダ

店名は直訳すると海の狼。仏語でバールと呼ばれるすずきの別名だ。フランス料理の匂いのする店名だが、昼間は多種に及ぶカレーと数種のオムライスだけの提供。夜になってもピクルスにパテ、エスカルゴとハンバーグ程度が加わるだけで、選択肢は非常に少ない。腰を落ち着けてワイングラスを傾けるタイプの店ではない。和牛カレーセットA（1000円）はほほ肉＆タンのビーフカレーにマカロニサラダが付く。正直言って、ロースハム・ツナ缶・胡桃が入ったこのサラダがカレーより好き。

民華

（みんか）ラーメン

台東区台東 3-41-5
03-3831-0612
日祝休　土曜は昼のみ営業

化調はなんとか許容範囲

街の中華食堂。サービスを楽にするため、真ん中を動線として空けたテーブル配置がユニーク。麺類のほか、ロースカツライス（880円）・ニラレバライス・生姜焼きライス（各850円）の注文が多い。皮が厚めの餃子（460円）がモチモチとした食感で人気だが、やはりイチ推しはラーメン（490円）。化調を感じさせても、それさえ我慢できれば、素朴な昔の味を楽しめるだろう。トッピングは厚切りのもも肉チャーシュー・シナチク・ナルト・海苔。中細ほぼまっすぐの麺がシッコシコ。

東京

二百選にもれた有名店

笹寿司

(ささずし) すし

千代田区神田鍛冶町 2-8-5
03-3252-3344
日祝休

おみやの折詰めが美しい

この店について別の本で厳しい指摘をしたら、店主から反論をいただいた。月日が流れ、久々に改装なったつけ台の隅に座る。瀬戸内産のしゃことかつおの背身でビールを飲んだあと、すみやかに燗酒とにぎり。真子がれいと酢〆のカイワリ、姿ににぎった若鮎と煮ツメで穴子、まぐろ赤身の即席ヅケに芝海老入りの薄焼き玉子。食べ終えて満足度は中くらい。内容を確かめるためにに中にぎり(2100円)をおみやでお願いすると、「笹寿司」だけに竹笹をふんだんに使い、彩りの美しい折詰めにしてくれた。

眠庵

(ねむりあん) そば

千代田区神田須田町 1-16-4
03-3251-5300
不定休

必然性に欠けた二種盛り

不定休と言うより不安定休。今のところ日祝と月水金の昼を休むようだ。古い診療所みたいな建物のドアノブを引き、靴を脱いで板の間に上がる。もり(840円)と二種もり(1160円)がそばメニューで、ほとんどの客が二種もりを注文。当日は栃木産と福井産。どちらもゆで時間はキッカリ50秒。冷水にさらされて供されたが、見た目も食感もそっくりだ。これでは二種もりの意味がない。薬味のねぎはなく、卓上には七色も爪楊枝もない。割高でもあるし、メディアがチヤホヤする理由が判らない。

神田錦町 更科

(かんだにしきちょうさらしな) そば

千代田区神田錦町 3-14
03-3294-3669
土日祝休

さわやかに香るオレンジ切り

「麻布永坂更科」から暖簾分けで分離独立したのが明治20年。午後4時半には閉店していたが、1年半ほど前に酒を出すようになり、営業時間も延長して8時頃まで暖簾を出している。たまたまだろうが二色もりはもりが1/4に、変わりそばのオレンジ切りが3/4のアンバランス。「太陽の恵みオレンジ切り」と壁の貼紙にあった通り、オレンジのさわやかな香りに弾力もじゅうぶん。反してもりにはコシがなく、甘ったるいつゆと粉わさびでは手の施しようがない。別添えの大根おろしに辛うじて救われた。

蓮玉庵

(れんぎょくあん) そば

台東区上野 2-8-7
03-3835-1594
月休　祝日の場合は翌日休

気色の悪い昆布切り

海老天2尾付きの天せいろ（1580円）が期待外れ。胡麻油の匂いの天ぷらはごく普通で、ややや太打ちのそばがもったり。つゆに奥行きがなく、混ぜわさびが老舗の品格を汚す。おかめそばを試すと、具材がおかめの顔にほど遠い。もっとそれらしく並べてほしいものだ。食通の子母沢寛も昭和初期の時点で、この店に愛想を尽かしている。古式せいろそばは昼限定の3枚重ね。2枚のせいろと変わりそばの昆布切り。あら珍しやと一口すすれば、昆布がヌルッときた。気色が悪くて、ダメだこりゃ！

鉄舟庵

（てっしゅうあん）そば

台東区根岸 3-2-5
03-3874-3893
日休

カレー南蛮は「泥舟庵」

２００年も続く老舗を二百選に加えたいが、本書はあくまでも味重視。そばに精彩がないので見送った。勝海舟・高橋泥舟とともに江戸の町を戦火から救った山岡鉄舟がひいきにしたのが店名の由来。鉄舟は泥舟の義弟で、兄弟の舟がそれぞれ鉄と泥ではそれこそ鉄泥、もとい、雲泥の差だ。もり（５００円）は太めでコシもしっかりとしていながら、そばの香りが皆無。つゆも下世話な下町風で特徴がない。人気のカレー南蛮（７００円）はドロドロでつゆを飲むことができず、「泥舟庵」に改名してみては。

江戸蕎麦匠庄之助 肴町長寿庵

（えどそばしょうしょうのすけ さかなまちちょうじゅあん）そば

文京区向丘 2-29-5
03-3811-4813
水休

天つゆでそばは食えんぜよ！

大仰な店名に客のほうが恥ずかしくなる。高層マンションに建て替わり、その1階で営業中。生簀の活魚は、真鯛・石鯛・平目・あいなめ・皮はぎ・真鯵・穴子・車海老、何と8種類が共存する。せいろ（７００円）にはニセわさびだが、生粉打ちせいろ（１０５０円）には本わさが鮫皮のおろし板とともに。活〆穴子天せいろ（１５８０円）は天ぷらの揚げ切り悪く、良質の穴子が台無しだ。しかも天つゆだけ出して、催促しないとそばつゆを出さないのには心底驚いた。そば屋の看板を掲げる資格なし。

玄菱
(げんりょう) そば

新宿区天神町2
03-3267-5122
無休

いまだ未食の田舎そば

名物の田舎十割そばが売り切れ。電気コードの如くにぶっといのに挑む覚悟で来たのに拍子抜けだ。外二で打たれたせいろ(650円)と、わかめだけが入ったかけ(700円)を所望。天せいろでもと思ったのだが、隣りの客の天ぷらのボリュームにたじろいで断念した。中太のせいろはツルツル感なく、濃いめのつゆにニセわさび。かけも同じそばを使用しているようだ。かけづゆは鰹節の出汁がスゴいが、甘さが立ってケレン味あり。店内があまりに乱雑。使用済みのおしぼりのダンボール箱が見苦しい。

翁庵
(おきなあん) そば

新宿区神楽坂1-10
03-3260-2715
日休

ノビないそばに飲めないつゆ

名代は冷《ひや》・温《あつ》の選択可能なかつそば(785円)。店側も絶対の自信を持っているのか、推奨に迷いがない。ちなみにかつ丼も同値。かつそばを温でお願いし、小さな冷奴に新香付きの半ライスを追加して945円也。かつそばの表面をやや薄めのロースカツとほうれん草がおおっていた。カツの下からそばをたぐって一口すする。田舎風のコシが残ってガッツのあるそばは最後までノビない頑張りを見せた。つゆはあまりにも濃く塩辛い。カツは悪くはないが、どうしてこれが名物なのかな?

天孝

（てんこう）天ぷら

新宿区神楽坂 3-1
03-3269-1414
土日祝休

自ずと評価はキビシいものに

神楽坂の裏路地にひっそりと佇んでいる。不思議なことだが、日本料理の優良店が目白押しの神楽坂に天ぷら店は極めて少ない。需要に供給が追いついていない気がする。この「天孝」もすぐ近くに支店の「新天孝」を開いたし、そばの「蕎楽亭」の過熱した人気ぶりにしても、多彩な天ぷらに一因があるように思える。

本店1階のカウンターはわれわれ4人のほかに先客が2人の計6人でちょうど満席。初老の男性客の片割れは大手外食産業のトップであったが、会話がやかましいことこの上ない。

才巻き海老のオドリが2尾出て、すぐに天ぷらが始まった。最初に才巻きが4尾とすみいか。この時点ですでにコロモも揚げ方もタイプではないことを実感。赤穂の千種川で獲れた白魚はまずまず。たらの芽・しいたけ真丈・銀杏・小玉ねぎと続く。千葉・竹岡産のきすは大柄で大味。お次の小柱と三つ葉の海苔巻きはクリーンヒット、当夜のベストとなった。才巻きの脚を素揚げにしてきたが、これが忍者の撒き菱そっくりで笑える。穴子・谷中生姜と来て、食事は芝海老と三つ葉のかき揚げ丼。

コースは1万7000円の1種のみ。素材の質の良さは認めるが、この値段では評価がキビシくなるのは当然だ。この夜、先代は「新天孝」に回っており、揚げ手は二代目だった。猿楽町の「天政」で修業した先代の天ぷらを食べるため、再訪する必要があるかもしれない。

はちまき

天ぷら

千代田区神田神保町 1-19
03-3291-6222
土休

身元不明の白身魚

店先のスナップ写真には足を止めて見入ってしまう。昭和27年撮影の記念写真には、田辺茂一・海音寺潮五郎・佐野周二などの顔が見える。江戸川乱歩の隣りの鉢巻オジさんが、当時の店主だろうか。戦後間もなく開業したこの老舗を1度は訪れたが再訪はしていない。サービスのランチ天丼（９５０円）とは言え、内容がヒドすぎたからだ。海老・きす2尾・身元不明の白身・かぼちゃ・ピーマンがお粗末。両国の「天亀八」みたいにオヒョウでも使っているのか、薄っぺらい白身魚が店の伝統を傷つけている。

神田きくかわ

（かんだきくかわ）うなぎ

千代田区神田須田町 1-24-2
03-3251-7925
無休

アナタの味覚のリトマス試験紙

この店とＪＲ神田駅の中間に「満寿家」（44頁参照）という名の料理屋がある。昼はうなぎだけを扱い、3段階あるうな重の最小のもので２１００円。これを「神田きくかわ」の大串うな丼（２３１０円）と食べ比べてほしい。かたや洗練の極みの繊細な滋味。こなた失われた香りのあとに残るボリュームと脂っ気。道をはさんで同じうなぎを商っていながら、どうしてこんなに違うのか。この2軒は人間の味覚を量るリトマス試験紙と言ってよい。きくかわ派には明日から亜鉛の摂取をおすすめする。

ふな亀

（ふなかめ）うなぎ

千代田区岩本町 2-5-9
パステルコート岩本町ビル 2F
03-3866-0279
土日祝休

千葉周作も食べたうな丼

北辰一刀流で名高い千葉道場があった神田お玉が池で創業したのは弘化２年（１８４５年）。千葉周作はもとより、平手造酒もこの店のうな丼に舌鼓を打ったことだろう。「継続は力なり」と思いたいが、あちこちにほころびが目立つ。うなぎ一匹丸ごとコース（２１００円）は骨せんべい・肝佃煮・半助唐揚げ・うなぎの汗・白焼き・小うな丼。半助はうなぎの頭、汗というのは蒸したときのエキス。一通り食して全体に泥臭く、スッキリ感がない。店内の装飾も垢抜けず、石原裕次郎の色紙だけが収穫だった。

伊豆栄本店

（いずえいほんてん）うなぎ

台東区上野 2-12-22
03-3831-0954
無休

うなぎ以外に手を出すな！

創業が暴れん坊将軍の治世の時代だというから、東京最古のうなぎ屋ではなかろうか。昭和天皇もここのうなぎを召し上がられたそうだ。30年以上も昔に、池袋のパルコかどこかにあった支店で、殿重だか姫重だか、うなぎとほかの料理の盛合わせを食べた記憶がある。うなぎ以外に手を出しすぎるという印象が強い。支店も出しすぎで、佐渡にも出店していると聞いて耳を疑った。それでも本店でいただいたうな重の松（１５７５円）は非常に美味しいものだった。この店ではうなぎだけを味わうべし。

たつみや

うなぎ

新宿区神楽坂 4-3
03-3260-7016
火休　第 3 月曜休

肝焼きは食べずじまい

本多横丁の入り口近く。ジョン&ヨーコが来訪して一躍有名店の仲間入りをはたす。初回に一番小さなうな重（1300円）と肝焼き（当時300円）を注文すると肝焼きがなかった。最小のうな重には肝吸いが付かず、仕方なく1600円のものをお願い。うなぎは蒸しが長いためか、かなり脂が落ちている。少なめのタレは余計な甘さを抑えてよし。柔らかいごはんが難点だ。再び夕刻に訪れてビールと肝焼きを注文すると、またもや売り切れ。品書きにはあるが、出会ったためしがない。

玉勝

（たまかつ）ちゃんこ

台東区根岸 3-2-12
03-3872-8712
日祝休

餌付けをされている気分

唐突ながら志村けんのファンである。彼がまだ売れっ子になる前、この店で腹いっぱい食べることが夢だったという。けんちゃんには悪いが、ちゃんこは両国の「川崎」か本郷の「浅瀬川」でしょう。毎度おなじみの肉詰め蓮根油焼きのあと、ちゃんこ鍋が一発でドーンと来る。鳥肉も野菜も豆腐もすべて一緒くた。継ぎ足しながら徐々に食べてもらおうなんて気持ちはハナからない。しばらくすると、餅ときしめんが運ばれて、それを食べたらハイそれまでよ！　何だかバカにされてるような気分になった。

守よし

（もりよし）鳥料理

台東区上野 4-7-4
03-3831-3838
休業日は上野松坂屋に準ずる

命の綱の松坂屋

パンフレットにこうある。初代は昭和3年、西郷さんの銅像脇に「常磐食堂」を興し、引き続き鶯谷に鳥の「守よし」を開業。そして現在地に開店したのが昭和11年2月26日のこと。大変な日に開店したものだ。大雪の帝都に戒厳令が敷かれたあの動乱の日。

以来70年以上も暖簾を守ってきたわけだが、よくも守れたものだ。今どき老舗がこんな焼き鳥を食べさせるのだろうか。日曜の夜のことで、従業員のやる気のなさもダイレクトに伝わってくる。早仕舞いして帰りたい気持ちが見え見え。嫌な予感がしたがビールを頼み、焼き鳥を何本か焼いてもらう。品書きにある焼き鳥というのは正肉のこと。これがパサパサで鳥肉の旨みがすっ飛んでいる。スーパーの店先の屋台で焼いてる焼き鳥のほうがよほどマシだ。レバーはもっと恐ろしかった。焼きすぎのボロボロで、香りの代わりに臭みが立った。ししとうには開いた口がふさがらない。何と普通の焼き鳥にねぎとししとうが1ピースずつ。お運びのオバちゃんに「これでししとうの表記はないでしょうに」と指摘すると、「そうですよネ、間違えちゃいますよネ」ときた。判っているなら書き換えなさいよ、ったく。

鳥しゅうまいも立田揚げもことごとく駄目。梅定食（２４１５円）など内容からして千円が妥当な線だ。上野と銀座の松坂屋地下に売場を確保していて、それが命綱かもしれない。代わりに松坂屋が危なくなるのでは、と心配だ。

いぬ居

（いぬい）牛肉料理

千代田区神田神保町 1-103
東京パークタワー 1F
03-3518-4129
日休

牛にも劣る無礼な接客

本業は精肉卸。確かに牛肉に文句はないが、すき焼き・しゃぶしゃぶに加えて焼肉とは節操がない。他店はオイル焼きとバター焼きを牛肉料理屋の品性と心得ているはずだ。昼に独り訪れて座敷に案内された。靴を脱ぐとそこには意地悪そうな仲居のオバさんが2人。案内嬢にあごをしゃくって、コイツをテーブル席に戻せと無言の合図を送るではないか。今脱いだばかりの靴を履かされて移動したが、その間「いらっしゃいませ!」の言葉とてなく、客を客とも思わぬ無礼な接客に、温厚なJ. C.もキレる寸前。

ぽん多本家

（ぽんたほんけ）とんかつ

台東区上野 3-23-3
03-3831-2351
月休

料理だけなら二百選

明治38年創業の老舗は当代で四代目。料理の水準は高く、料理だけなら二百選入りに異存はない。好き嫌いはあろうが、低温で揚げる名代のカツレツ（単品で2625円）もこれはこれでよい。ただし問題点が多すぎる。客を威圧する玄関の重い木の扉。多すぎて食べきれない1皿の分量。そのぶん高くなる価格設定。ポークソテー（同3675円）やタンシチュー（同4200円）に粉山椒を振り込む悪癖。数え上げればキリがない。当時も値段は高かったが、建て替え前の風情ある店舗が懐かしい。

勝漫

（かつまん）とんかつ

千代田区神田須田町 1-6-1
03-3256-5504
日祝休　土曜は昼のみ営業

ちまたの評価にくみしない

２００７年６月末に新装開店。あわてて訪問し、原稿をそっくり書き換えた。マネージメント&スタッフがガラリと変って、ちまたの評価が急落しているようだが、むしろ店内が整頓され、接客態度が向上したぶん、居心地はよくなった。ロースカツは胡麻油が抑制されて揚げ上がりも上々。脂身のバランスもよい。二百選もれは前店に対する不評が影を落としている部分もあり、このまま順調に運べば、二百選入り間違いなし。以前の揚げ手が独立し、目と鼻の先で「とんかつ やまいち」の暖簾を掲げている。

とん八亭

（とんぱちてい）とんかつ

台東区上野 4-3-4
03-3831-4209
不定休（月に１～２回）

炊き立てライスの提供を

ランチタイムのカツライス（８００円）でガックシ。値段が値段だから文句は言えないが、問題はカツではなくライス。ジャー焼けしていて、とても食べられたものではなかった。ロースカツ定食（１７００円）やひれカツ定食（２０００円）を注文しても、ライスに変わりがあるじゃなし、サービス品を頼んだのが、せめてもの不幸中の幸い。いつも槍玉に挙げられるカツに掛かったケチャップだが、ソースでさえ卓上に置いてあるのだから、その隣りにでも並べるというのがスジではなかろうか。

平兵衛

（へいべい）とんかつ

台東区上野 6-7-13
03-3831-3873
月休

世にも怪奇なロースカツ

金髪の怪人が世にも怪奇なとんかつを揚げている。ブツブツと独り言を言いながら、飽きずに30分も鍋の底に沈んだロースカツをにらんでいる。途中、母親とおぼしき老婆を口汚くののしり、挙句の果てには罵倒する。店内には「とんかつ屋における公害と犯罪」について説明したパンフレットの用意もある。揚がったカツは不味い。ごはんも味噌汁も標準以下だ。それでもこの店にはファンがいる。このカツを美味しいと思う信奉者がいる。店主を新興宗教の教祖の如くに崇め奉る信者がいる。奇怪千万なり。

蟻や

（ありや）居酒屋

荒川区西日暮里 3-14-11
03-3821-3615
月休　夜のみ営業

注文しにくいかつ丼単品

谷中（実際は荒川区西日暮里）の夕焼けだんだんのふもとにある居酒屋はかつ丼（９００円）が名物。もも肉だろうか、とんかつは脂身の少ない豚肉を2枚重ねて揚げてある。玉子のとじ加減がよろしく、味も姿もなかなかのかつ丼だ。つまみの小柱かき揚げもよく、揚げものを食べていればまず安心。でもほかがヒドすぎた。マカロニサラダからは冷蔵庫臭。焼き鳥の正肉も鮮度落ちのために匂った。おまけに酒を飲む客の中にあって、かつ丼単品の注文はしにくいし、独りだけ食事というのも何だかなぁ。

ふるかわ庵

（ふるかわあん）和食

台東区池之端 4-15-7
03-3821-9787
日休　夜のみ営業

箱の中身は箱に及ばず

メディアが強調するほどの風情を建物から感じ取れない。日本料理を味わう空間として悪くはないが、肝腎の料理がダメでは、仏造って魂入れずだ。食材同士の相性を見極めきれないのは料理人の味覚が問題なので、行者にんにく&いくら、のびる&マヨネーズ、勘違いもはなはだしい。初がつおの土佐造りにわさびは疑問だし、夏みかん汁では甘すぎる。ふぐ白子入りとはいえ、茶碗蒸しに紅葉おろしはあんまりだ。高価な日本酒ばかりを置いて、勘定のつり上げを謀る商法もあざとい。いつでも1人2万円也。

鶴八

（つるはち）居酒屋

千代田区神田小川町 3-20 神田日比ビル B1
03-3292-6166
日祝休　夜のみ営業

品書きに値段を明記せよ！

明治大学のすぐそばにありながら、明大生には敷居が高すぎる。とにかくサカナの質がイマイチなのに割高感が強く、居心地がよいとも言えない。最低限、このクラスの店は品書きに値段を明記すべきだ。エビス生中1杯、芋焼酎の龍宝1杯、竹筒に少々のしじみ味噌汁、愚にもつかぬ突き出し、皮はぎ薄造り、鶴八団子（海老真丈の揚げ団子）、これで勘定は５５００円。皮はぎは多めだったが、質が粗悪で完食できず。この時点で鶴八団子に並ぶこの店の名物・穴子白焼きを忘れることにした。

根津の甚八

（ねづのじんぱち）居酒屋

文京区根津 2-26-4
03-5685-1387
日休　夜のみ営業

お人好しだよJ. C.は！

7年前に訪れ、粗末なつまみに言葉を失い、逃げるようにして退店したが、これがラストチャンスと灯りの目立たぬうっそうとした古い一軒家を再訪。風情を感じるというより、幽霊が出そうなみすぼらしい縄のれん。座敷に上がり、太平山の燗に、えいひれ・うるめ・いか塩辛（各500円）を頼むと、ご丁寧に塩辛まで市販品だった。新香を追加しても、山ごぼう・しば漬け・らっきょうと、これまた出来合いばかり。まったくお人好しだよJ. C.は！　女将は気配りの人なれど、こんな酒肴で酒は飲めませんぞ！

銀サロン

（ぎんさろん）洋食

台東区上野 3-29-5 上野松坂屋本館 7F
03-3832-1111
無休

何もかもがクリーミー

一流デパートのメインダイニングとしてはあまりにわびしい。料理のレベルが一流に届かず、窓からの眺めだけが一流だ。カトレヤセット（2575円）の概要は小サラダ・クラムチャウダー・ノルマンディー風オムレツ・骨付き仔牛カツ・バゲット&バター・メロンソルベ・紅茶。オムレツ用の小海老&あさりのクリームソースがチャウダーと重複したのは料理人が避けるべき最重要ポイント。ワゴンで運ばれてゆく帆立ソテーにも同じソース。もはや合理性を通り越して手抜き仕事以外の何物でもない。

ステーキ定谷

（すてーきさだや）ステーキ・洋食

台東区根岸 4-3-2
03-3874-2406
日祝休　夜のみ営業

CPの悪さは天下一品

あわび・伊勢海老・黒毛和牛、高価な食材（良質ではない）に頼りきった創作洋食店。下は1万6000円から、上は3万でも4万でも、客のお望み次第のコース一辺倒。フトコロの痛みを最小限に抑えるべしと、最安値の料理を頼もうものなら、貧相なダイエット食が登場し、安物買いの銭失いの憂き目を見る。もともと高額の上に不明朗会計がプラスされ、あまりのばかばかしさに、自腹の客はまず見掛けない。ある夜、近所のおでん屋の行き帰りに店の前を2度通ったら、その日は坊主で早仕舞いだった。

カフェテラス本郷

（かふぇてらすほんごう）洋食

文京区本郷 5-25-17
03-3811-1866
無休　午前8時より営業

美味少量の真逆をゆく

「ボリュームたっぷりのメニューで東大生にも大人気」が謳い文句。でもネ、大学生には人気でも社会人には不人気でしょう。何せ料理のレベルが学食並みだもの。確かにボリュームは自慢に値するし、栄養も満点だが、真っ当な料理を適量食べたい人にはかなりの苦痛を強いる。ハンバーグ・チキンソテー・骨付きフランクのミックスグリル定食（1000円）は折返し点にも到達できず、途中リタイアの憂き目を見た。それでも学生のために応援したい店で、行く末長く頑張ってほしいと祈るこの自己矛盾。

FIRE HOUSE

（ふぁいあー はうす） ハンバーガー

文京区本郷 4-5-10
03-3815-6044
無休

迫力不足のパストラミ

ハンバーガーのバンズは丸みを帯びて高さもあり、もうちょいと低ければ、今はなき浅草の名店「ジロー」のそれにそっくり。ダブルチーズバーガー（1350円）はトマトやレタスやレリッシュが入りすぎ。ベチャッとして醍醐味に欠ける。ビーフパストラミサンド（950円）もニューヨークのデリを知る者には迫力不足。行列ができるそうだが、訪問時に空いていたのは強気の値付けも影響しているのではなかろうか。このタイプのバーガーでは五反田の「フランクリン・アベニュー」が一枚上手。

蕎家柵小吃

（きょうがさくしょうきつ） 中国料理

千代田区神田錦町 2-5-9
03-3233-8978
無休

中華においては人生最悪の日

神田錦町界隈の年中無休は珍しい。よい評判ばかりを耳にするので、日曜のランチに出向いたが、再訪は絶対にない。ディナーでなかったのがせめてもの救いだ。ところがこの日曜日は、夜も千駄木の「天外天」でヒドい目に遭ってしまって、中華料理に関する限り、わが人生最悪の日となった。鉄鍋餃子の皮にパリパリ感なく、中の餡がはみ出す始末。ラーメンは麺もスープも食するに値しない。真っ当な料理もと奮発したわたり蟹のねぎ生姜炒め（1575円）は片栗粉まみれで、料理以前の問題であった。

揚子江菜館

（ようすこうさいかん）中国料理

千代田区神田神保町 1-11-3
03-3291-0218
無休

名物に美味いものナシ

昭和29年に現在地で創業。いまだに時代遅れの中華料理を提供していて、これが懐かしいというファンも多い。でも味のほうは堕ちるところまで堕ちて往時とは雲泥の差。一時は隆盛を誇り、銀座にも支店を構えていたが、それも消えた。まさに驕れる平家は久しからず。どの料理を食べても手の施しようがない。この店が発祥と言われる五目冷やし中華（1470円）は悪味の極み。くたくたの細打ち麺がヌルいのだ。常温の冷やし中華が一体どこにあろう。甘ったるく化学調味料まみれのつゆには絶句した。

漢陽楼

（かんようろう）中国料理

千代田区神田小川町 3-14-2
03-3291-2911
日祝休

上海名物だけはいい

明治44年創業の上海料理店。中国からの留学生として不遇な時代を送っていた若き日の周恩来も訪れたという。その時代の小川町から神保町一帯は東京の中華料理のメッカ。すでに多くの店が繁盛していた。ワンタン麺にまったくスープのコクが感じられず、担々麺を試してみても、やはりどこかものたりない。この店の麺類は麺自体は悪くないが、スープがネックなのは料理人の問題だ。上海料理店だけに上海名物の小籠包子だけはデキがよかった。ずさんな接客態度には謙虚さが肝要、猛省を促したい。

北京亭

（ぺきんてい）中国料理

千代田区西神田 2-1-11
03-3264-4413
木休

料理に政治を持込むべからず

ひと頃はたびたびおジャマした。訪れた鮨屋やそば屋に裏切られた夜など、口直しの2軒目として活用させてもらった。中国語の飛び交う狭い空間に居心地などあったものではないが、砂肝のにんにく揚げ（1400円）でビール。これが一番の気に入りだ。豚マメの炒めものも大好きだったが、最近は味付けのブレが大きく、塩辛いとお手上げだから、注文を控えている。餃子とラーメン（各530円）も今はパッとしない。東シナ海を東中国海と呼べ！　などと、商いに政治を持込むのも不快極まりない。

廣州

（こうしゅう）中国料理

千代田区飯田橋 3-10-8
ホテル メトロポリタン エドモント B1
03-3237-1111
無休

3品すべてが不満足

夕食には訪れていない。昼食で満足できなかったからだ。週替わりランチ（2500円＋税サ）は3種の料理から2品選ぶシステム。2人で出掛けたので、①麻婆豆腐②帆立塩味炒め③青椒牛肉糸とあるうち、①と③を1皿ずつ、②を2皿でお願いした。ほかに小皿の鴨ロース、豆腐と卵白のスープ、ザーサイ、ごはん。①はすき焼き風の味付けがピリッとしない。②もあっさりと薄味にすぎる。③は凡庸でキレ味に欠けた。それにしても中年以上の男性が客の大半を占め、何とスモーカーの多いことよ！

五十番

（ごじゅうばん）中国料理

新宿区神楽坂 3-2
03-3260-0066
無休

肉まんに専念すべきとき

昭和32年創業の四川料理店は肉まんが名代。数種類のあんまんを含め、25種ほどの中華まんじゅうが揃う。北京ダックや上海焼きそばもメニューに載せているので、四川料理専門店より中華まん専門店のほうが通りがいい。日曜のホリデーランチ（2000円）の内容はグラスの生ビール、デキの悪い玉子スープ、かぼちゃ団子や皮むきトマトなど愚にもつかない前菜、どちらも油っこい麻婆豆腐と牛肉黒胡椒炒め、ごはん、愛玉子ジュース。冴えない料理に決別し、肉まんに専念すべきときが今ここに。

BIKA

（びか）中国料理

台東区池之端 4-25-11
03-3821-3347
火休

気になる油の使いすぎ

茨城県会館の跡地に建てられた老人ホームの前の上海料理店。地元の人気店だが、この店の弱点は油。真新しいサラダ油にも似た、こなれない匂いが立ち上るのだ。皿に残る油の量も相当に多い。甕出し紹興酒でピータン・きゅうりも み・辣白菜の前菜トリオを。点心の春巻きはともかく餃子が冴えない。箸でつまむと開いてしまうのは困りもの。青椒肉糸とターツァイ炒めの油が次第に鼻についてくる。きくらげが大量に入った海老焼きそばも同様だ。近所の「中華オトメ」のほうが味・値段ともに優れている。

天外天

（てんがいてん）中国料理

文京区千駄木 3-33-6
03-3822-3333
無休

羊頭狗肉のあわびとなまこ

世にもやかましい店があったものだ。それも酔って騒ぐ無粋な客ではなく、店のスタッフが騒音の出処ときては言葉を失う。ホールのマダムの大声が堪えがたいほど。客の注文の通し、電話の応対、別館との連絡、駐車場の差配と、けたたましいことこの上ない。おまけに洗い上がった皿やレンゲの水気を拭き取って整頓するカチャカチャ音が引っ切りなし。これではおちおち食事などしていられない。

それでも千駄木界隈では人気を集める四川料理に挑んだ。豆苗炒め（１８００円）は巷に出回る貝割れではなく、本物のえんどう豆の若葉。これは高く評価したい。芝海老のチリソース（１６００円）も高価な芝海老とも思えぬが、ほどよい辛味に昔ながらの味付けが好ましい。イベリコ豚と春野菜の炒め（１６００円）は肩ロースだろうが脂身だらけだ。

お次の、あわびとなまこの煮込み（２８００円）でキレた。こめかみの血管がプチッと音を立てたのが聞こえたくらい。皿にはあわびとなまこの小片が辛うじて2切れずつ。あとは竹の子・どんこ・天豆で目方を増やし、挙句の果てに鶏の手羽先のデカいのが2つ。羊頭狗肉もここに極まった。もっと厳しく糾弾すれば、詐欺行為に等しい。陳建民の愛弟子のN川料理長！　貴方の料理人としての誇りは一体どこにあるのでしょう？　国家に品格が求められるように、店舗にも品格が備わってしかるべきですぞ！

上野太昌園 本店

（うえのたいしょうえんほんてん）焼肉

台東区上野 2-8-6
03-3831-6365
無休

再チェックで二百選もれ

とんかつの発祥地にして焼肉のメッカの上野に開業して半世紀。この間までは二百選入りしていた。特製ランチ（1360円）に満足したからだ。上ロース・カルビ・キムチ盛合わせ・ナムル・チョレギ・わかめスープ・ライス・シャーベットの充実ぶり。この春の再チェックであえなく転落した。骨付きカルビは筋だらけ。みすじは脂が強すぎる。ハラミだけがそこそこ。ヒドかったのは海鮮チヂミ。かなり厚みがあるのに火の通りが不十分だから粉っぽい。肉と一緒に網の上で焼き直して食べる不始末。

マンダラ

インド料理

千代田区神田神保町 2-17 集英社共同ビル B1
03-3265-0498
日祝休

あまりに具材をケチりすぎ

向かいの「メナムのほとり」と経営は一緒。なかなかの商売上手だ。終始ビールを飲みながら、最初にスパイシーな野菜入りヨーグルトのヴェジタブル・ライタを。続いてのタンドール・ミックスにコク味がたりない。海老とダール豆のカレーのプロウン・パティアは1360円のところ、ギー（水牛の乳のバター）を加えてもらって1510円。味はよかったが、この値段で小ぶりの海老が2匹だけとはあんまりだ。レバー入りチキンカレーのヌールジャハニもほとんどがレバー。あざとい商法で二百選落ち。

レストラン・ミレイユ

フランス料理

荒川区西日暮里 3-6-7
03-5685-2120
月休

あの日に帰りたい

1973年生まれ。ビストロのはしりとも言える老舗は飯倉片町で創業。六本木族が通い詰めたイタリアンの先駆者「キャンティ」の並びにあった。1980年代の初め、仏人の為替ディーラーたちとパワーランチをともにした日々が懐かしい。西日暮里に移転後、久々に訪問して愕然。料理がまったくの別物になっていた。どの店でもメニューにあれば必ず注文するスープ・ドゥ・ポワソンが生臭くて飲めない。オマール海老の香草バター焼きは殻からの身離れが悪く、しかもパサパサだ。あぁ、あの日に帰りたい。

ル・クロ・モンマルトル

フランス料理

新宿区神楽坂 2-12
03-5228-6478
日休

自制心があったなら

料理は二百選のレベル。ところが「オークラ」出身のオーナーソムリエが荒れ放題で、客はおちおちメシも食えない。サーモン&帆立のタルタルはサーモンが生臭い。うさぎ&ポテトの温製サラダは失点挽回の快作。オマール海老&手長海老のグリエ、仔牛胸腺肉&腎臓のフリカッセはともに秀作。問題はオーナーの腹の虫の居所のみ。スタッフが思いのままに動かないと、怒りまくってフロアでブツブツ、厨房でガミガミ。異国の地で人を使うってのは生半可なこっちゃないんですよ、ムッシュウ・ジャニック!

メゾン・ド・ラ・ブルゴーニュ

フランス料理

新宿区神楽坂 3-6-5
03-3260-7280
月休

めかじきに めくじら

テーブルの間隔が狭く居心地が悪い。奮発したピエール・ブーレイのニュイ・サン・ジョルジュ'87年（1万6800円）は最後まで開かず、ウォッシュチーズのエポワスの助けを借りて初めて香り立つ。ブイヤベース（2940円）が目を覆う不作。塩辛い上にこの値段で中身は帆立とめかじきのみ。殊に青背のめかじきは反則だ。仕入れ値の張る白身魚や海老類は皆無。この程度の仏料理店の横行を許すようでは神楽坂もまだ発展途上の未開地。未来に向けて店と客との切磋琢磨が必要不可欠。

かみくら

フランス料理

新宿区神楽坂 3-1
03-3266-6613
日休

席を埋める お嬢さま

一応フランス料理にカテゴライズしたものの、日本の洋食を加味した創作フレンチという位置付け。粋な黒塀の日本家屋で手頃な値段の料理が味わえるとあって、若い女性たちの間で人気沸騰、予約の取りにくい店となった。坪庭を臨むテーブルに案内されたが、居心地がいいわけでもなく、風情を感じるでもない。卓上にはカトラリーの代わりに箸が1膳。アラカルトですらポーションが小さいから、締めにパスタやカレーライスを食べることとなるが、目や舌の肥えた客が出入りする店ではないことは明らか。

サンファソン

フランス料理

新宿区神楽坂 3-1
03-3267-3316
日休

諸悪の根源は厨房にあり

神楽坂の北側を並行する軽子坂にあるフレンチ・ビストロはかなりの人気店。何度も店の前を通りすぎて、その盛況ぶりを目の当たりにしていながら、今まで未踏だったのが不思議なくらい。

土曜の夜に訪れると、26席ほどの店内はほぼ満席状態。期待感は否が応にも高まる。フランス産のクローネンブールはもともと好きなビール、喉を潤してゴキゲン。シモン・ビズのサヴィニー・レ・ボーヌ・プルミエ・クリュ'01年（8570円）の抜栓もお願いしておく。チーズのプティ・シューとレバーのパテのアミューズのあとは魚介類のサラダ。小海老・帆立・ムール貝はともかく、火を通しすぎた北寄貝がゴムを噛むようで味気ない。エスカルゴとキノコのラグーはサラサラのクリームスープだ。早くもこの時点でもうダメだとあきらめた。

主菜の豚足のコロッケは素材が粗悪にして揚げ油の劣化も激しく、一口食べてフォークを置く。うさぎのクリーム煮は素焼きのうさぎをクリームシチューにドボンと落としただけの代物。これを煮込み料理として提供する料理人の神経を疑う。主菜の2皿は料理以前の問題だった。雨後の竹の子のように仏料理店が乱立する神楽坂だが、この店が恰好の例でレベルはむしろ低い。これで2万3000円の会計は支払う客に経済的・精神的なダブルの打撃を与える。若い男性陣の接客には好感が持てるだけに、諸悪の根源は厨房にあるというほかはない。

レストラン ミヤハラ

フランス料理

新宿区下宮比町 3-12
03-3260-5588
日休　第１・２月曜休

日々大胆にはなってきた

シェフは四谷の「北島亭」出身。開店してしばらくはダイナミックな料理を控えていたが、骨付き豚ロースのお婆ちゃん風など、特徴を打ち出してきた。タプナードソースの野菜のテリーヌは茄子ばかりでがっかり。ずわい蟹のサラダ仕立てからも蟹の旨みが感じられない。大きめの塊りのリードヴォーのソテーは及第だが、骨付き仔羊のローストは脂身が多すぎることも。ネクタリンのタルトが秀逸ながら、ミントのソルベは甘すぎた。前菜２皿・主菜・デセールで５２００円のコースが取っ付きやすい。

ル・マンジュ・トゥー

フランス料理

新宿区納戸町 22
03-3268-5911
日休　夜のみ営業

付け髭でおジャマします

２００５年の夏にこの店のＴシェフと一悶着あり。おそらく出入り禁止扱いだろうから、それ以来おジャマしていない。従って改装後に値上げされた高価なコース料理は未食のままだ。今さらくどくど述べないが、同じ人間の作る料理が劇的に変化することもなかろう。生臭いオマールのムースと粗悪な肉質の仔羊には再度言及しておきたい。そろそろほとぼりも冷める頃だろうし、近々再訪するつもりでいる。その際はロッテのバレンタイン監督よろしく、付け髭でも付けて出掛けようかしら…。楽しみだ。

カルミネ

イタリア料理

新宿区細工町 1-19
03-3260-5066
無休

盛者必衰の理をあらわす

イタめしブームのさきがけとなった点は認めよう。だが、すでに東京における役目は終えた。もっとも、かれこれ10年ほど前の初訪問時でさえ、料理に終焉の匂いを嗅いだ。アンティの盛合わせの品数とボリュームに不満はなくとも、味覚に訴えるものも、またない。真鱈のソテーは鮮度に問題がある上に塩気がきつく、安価な塩鱈を使った当然の帰結。今メニューを開いても時代遅れの退屈な料理が並ぶばかり。トスカーナやカラブリアの郷土色すら喪失して、まさに盛者必衰の理をあらわしている。

エル・カミーノ

スペイン料理

新宿区神楽坂 3-1 京花ビル 2F
03-3266-0088
日祝休　夜のみ営業

騒音だけは玉にキズ

ビルの2階の狭い空間。東京におけるスペインバルのはしりのような店だ。カウンターに陣取って、リオハやリベラ・デル・デュエーロの赤ワインを飲みつつ、タパスの数々を楽しむ。トルティージャ（スペイン風オムレツ）、クロケッタス（干し鱈入りコロッケ）はありきたりだが、小海老のブロチェッタス（串焼き）など海老料理はお得意。いつぞやはテーブル席を学生のグループが占領してしまい、飲めや歌えの大騒ぎ。早々に退散したが、こんな不可抗力の発生もありうるので年配者には推奨しかねる。

サラファン

ロシア料理

千代田区神田小川町 3-10-3 振天堂ビル B1
03-3292-0480
日祝休

ワインの虚匠のいんちきリスト

ロシア人のマダムが長年掛けて作り上げた、狭いながらも温かい雰囲気いっぱいの優良店を台無しにしてしまった現経営者。金儲け第一主義者のあざとい商法が横行している。HPを見て思わず苦笑い。ワインの巨匠が取り揃えたワインの在庫が800本だとサ。冗談ではない。いざ注文してみるとリストは欠品だらけ。これでは巨匠ならぬ、虚匠だ。利益率の高いコース料理を執拗にすすめてくるし、ネットのカキコミも不自然極まりなく、ほとんどが身内・友人のサクラだろう。何とまぁ、嘆かわしいことよ!

ガヴィアル

カレー

千代田区内神田 3-6-14 高幡ビル 2F
03-3252-6878
日祝休

欧風カレーのお約束

喫茶店風の店内がゆったりと、並みのカレーショップより長居がしたくなる。欧風カレーのお約束、2個のゆでたじゃが芋がバターを従えて登場。別に芋好きではないので、このサービスはうれしくない。チーズカレー(1100円)の辛口を注文してしまい、溶けて糸引くチーズの扱いに四苦八苦。甘みが優勢の欧風カレーだから、辛口でもそんなに辛さを感じない。でも食べ進むうちに汗が噴き出てきた。らっきょうは小粒、福神漬けは良質。割高感があるけれど、客はじゃが芋の付加価値に納得の様子。

エチオピア本店

（えちおぴあほんてん）カレー

千代田区神田小川町 3-10-6
03-3295-4310
無休

再挑戦むなしく

エチオピアじゃカレーは食わんぞ！と思っていたら、コーヒー好きのオーナーがエチオピア産モカにぞっこんというのが店名由来。欧風でもないビーフカリー（880円）にじゃが芋が付いてありがた迷惑。カレーは熱々で相当に塩辛い。相性の悪さを承知していながら、評判にほだされて本書のためにも再訪。ビーフに再挑戦すると牛肉はたっぷりだが案の定しょっぱく、カルダモンだけがいい香り。クローヴが主張する野菜カリー（930円）はソースと具の一体感に欠けた。高田馬場や恵比寿にも支店あり。

ボンディ

カレー

千代田区神田神保町 2-3 古書センタービル 2F
03-3234-2080
第 3 日曜休

完食できた試しナシ

今では数多い欧風カレーの先駆者がこの店だという。つまらないモンを流行らせちゃったもんだ。はしかと違ってうつりはしないから、イヤならよせばいいのだが、胸やけ覚悟でリベンジに向かった。以前食べたのは魚貝カレー（1500円）とチーズカレー（1350円）。ヤケに高いなぁ、いやにシツコいなぁと思いつつ、そのほとんどを相棒に押し付けた記憶あり。今回のビーフカレーと野菜カレー（各1350円）も八割方は同伴したボディーガードの胃袋に収まった。この店に単身赴任は土台無理。

薬膳カレー じねんじょ谷中店

(やくぜんかれーじねんじょやなかてん)カレー

台東区谷中 5-9-25
03-3824-3162
月休　祝日の場合は翌火曜休

おためごかしの薬膳カレー

漢方薬に金を払ったと思えば腹も立たぬが、カレーに対する支払いだと思うと、怒り心頭に達する。薬膳鶏肉カレー（1460円）には、あぶった鶏肉・枸杞の実・にんじん・じゃが芋が入り、百歩ゆずってこれは許そう。だが、薬膳海鮮カレー（1733円）は許しがたい。海老・小海老・いか・小帆立・あさり・かき・わかめ、そのすべてが粗悪品。愚にもつかない具とはこのことで、この値段を取るなら新鮮な魚介を用意してほしい。客の健康を謳いながら営利主義に走る、おためごかしの典型だ。

プティフ

カレー

文京区本郷 4-1-3
03-3815-9408
第1・3日曜休

欧風の次は薬膳か？

欧風カレーをお題目のように唱えてきたが、若い女性たちに飽きられたのか、流行にかげりが見えてきた。機を見るに敏なこの店はここで軽くハンドルを切り、谷中「じねんじょ」よろしく、薬膳の領域に踏み込んできた。「良薬口に苦し」の言葉通り、薬膳の世界ならば、料理の出気不出来をごまかせる。不味いほうが体によさそう、なんて誤解も生まれる。八丈島産の明日葉が入った薬膳カレー（1050円）も味は二の次の代物。天然無農薬を盛んに喧伝しているが、天然は無農薬と相場が決まってらい！

広島お好み焼きカープ

（ひろしまおこのみやきかーぷ）
お好み焼き

千代田区神田鍛冶町 3-5
03-5296-0080
日休

昼から巨大な広島焼き

早くもランチ時から盛況。昼にお好み焼きを食べる習慣はないけれど、女性スタッフを誘って出掛けた。注文したのは野菜焼き（700円）とそば入り野菜焼き（900円）。どちらもものすごい量。そば入りはレディースサイズもあるが、それだと焼きそばが半玉になってしまう。クレープよりヌードルが好みだからそうもいかない。野菜焼きは、薄い生地・キャベツ・もやし・おぼろ昆布・天かす・豚バラ・薄焼き玉子の順に積み上がってゆく。使用するソースは有名なオタフクではなくミツワだった。

支那そばきび

（しなそばきび）ラーメン

千代田区神田小川町 1-7
03-5283-7707
日祝休

七人衆に名を連ねるが

全12席の小さな店ながら知名度は高いし、いろいろなビジネスに手を染めもする。近隣のサラリーマン・OLには根強い人気を誇るが、この店の魅力がいまだに判らない。醤油味の支那そば（600円）は、中細ちぢれ薄黄色の麺が柔らかすぎ。オーソドックスなスープに特徴を見出すのも難しく、酢を加えて少々元気になったがインパクトが薄い。しそ餃子（300円）もおとなしいタイプだ。品川の高架下に鳴り物入りでオープンして、その後あまり噂を聞かない「麺達七人衆品達」の一翼を担っている。

さぶちゃん

ラーメン・チャーハン

千代田区神田神保町 2-24
03-3230-1252
日祝休

チャーハンがいつも気がかり

昭和41年創業。翌42年には半チャンラーメンを発案して発祥の地となった。両隣りの「キッチン・グラン」、「近江や」と合わせて三兄弟の独立営業。初めて行列の最後尾についたのは30年以上も前だ。黄色い中細ちぢれ麺は相変わらず。いつからか生姜の匂いが強烈になった。昔はくわえ煙草の灰が落ちるのが心配だったチャーハンだが、今は豚肉醤油煮を混ぜ入れるだけの安易な仕事が遺憾。思い出の1軒なのだが情に流されたくはない。オジさんゴメンよ、でもネ、あれじゃチャーハンとは呼べんもん。

神楽坂飯店

（かぐらざかはんてん）ラーメン

新宿区神楽坂 1-14
03-3260-1402
無休

チャレンジに存続を賭ける

出される料理の味よりも、元祖大食いチャレンジの店として有名。一升チャーハンやジャンボ餃子などチャレンジメニューは4種類。挑みやすいのはジャンボラーメン3杯というヤツ。これなら失敗しても１８００円の支払いだが、餃子でやっちまっちゃうと万札が吹っ飛ぶ。肝腎の料理はラーメン屋と中華料理店の中間感じ。ラーメン・チャーハン・餃子はいずれも特筆に価しない。酢豚も一般家庭の主婦クラスだ。大食いチャレンジこそが、この店の唯一のレゾン・デートル（存在理由）となっている。

スヰートポーヅ

餃子

千代田区神田神保町 1-13-2
03-3295-4084
日月休

焼き餃子は美味なれど

昭和11年創業の餃子専門店。当時から界隈には中華料理の老舗が乱立していたはず。まだ日本人になじみの薄い餃子を手掛け、狙いは的中した感がある。点心という名のニッチ市場を開拓したわけだ。焼き餃子・天津包子・水餃子を扱うが、注文のほとんどは焼き餃子に集中する。ちなみに天津包子は世に言う小籠包子。焼き餃子定食（766円）は餃子が8個、みすぼらしい酢キャベツ、パッとしないわかめの味噌汁とごはん。餃子はなかなかの味ながら、時間の掛かりすぎがネック。そしてテーブルも狭すぎる。

伊太八

（いたはち）ラーメン

新宿区白銀町 1-17
03-3260-2325
無休

商売熱心はいいけれど

朝の11時から夜中の2時までの営業で、しかも無休。いつの頃からか中国系の男女が仕切るようになった。伊太八ラーメン（650円）は豆板醤入りの味噌ラーメン。取り立てて言うほどの味にあらず。ムッチリと肉がいっぱいの餃子、馬鹿デカい小籠包子は好みが分かれよう。紹興酒の小瓶（500円）でピータンをやったら、ラーメン用の醤油ダレを掛けてきた。化調まみれでしょっぱくて、こりゃ食えんぜよ！　注文のたびに1ツ？　と聞き返す小姐さん、この国ではネ、数を言わないときは1ツなのっ！

東京

こんなときにはこの一軒

鰻菜わたなべ

（まんさいわたなべ）うなぎ

文京区本郷 3-30-7
03-3814-8107
日祝休　土曜は夜のみ営業

夜には うなぎ割烹に

下町のうなぎ屋からは想像もつかないほど、それらしくない雰囲気。掘りごたつ式のカウンター席のみで、こういう設いでうな重を食べるのは初めて。うな重は、松・竹・梅・特が1050円から2800円まで。蒲焼きごはんは、雪・月・花で1900円から3700円。客のほとんどが注文する松は3／4尾入り。焼き置いたうなぎを炭火で温め直して、ちょいとパサつくものの悪くはない。厚焼き玉子・豆腐味噌椀・新香が付く。夜は刺身を初め数々の酒肴が揃って、うなぎ割烹の様相を呈する。

双葉

（ふたば）ちり鍋

台東区下谷 1-12-24
03-3843-0782
日祝休　夜のみ営業

あんこうに 浮気は厳禁

真鱈とは似て非なるもの、ひげ鱈のちり鍋が自慢の店。食通が絶賛するサカナだが、真鱈を超えるほどとは思わない。確かに鍋は美味しい。ザクは春菊と絹ごし豆腐だけというのも潔い。半信半疑だった締めの生そば投入も成功裏に終わった。当夜はあんこうちりも試したが、これはまったくの不デキ。神田の「いせ源」に遠く及ばない。鍋の前の刺盛りは、厚切りの平目が不評。コリコリのつぶ貝は好評。にんにくを添えたかつおは大好評。4人で2万円のお勘定にもみな納得で、鍋が恋しくなったらどうぞ。

五右ヱ門

（ごえもん）豆腐料理

文京区本駒込 1-1-26
03-3811-2015
月休

味に期待は禁物なれど

へぇ～、こんなところにこんなに情緒のある店が！ 誰もが驚く京都町屋風の豆腐料理店。冬に湯豆腐か鱈ちりを囲むのも趣きがあるし、新緑の季節や夏場には準東屋風の離れで開放感に浸っての冷やし豆腐も悪くない。年の瀬のかき入れどきなど、接客面で不評をかこったりもするが、都会の喧騒をしばし忘れさせてくれるスポットを1度訪れて損はない。ただ料理に期待は禁物。三色田楽に香りなく、揚げ出し豆腐は退屈だ。病み上がりのために味覚の戻らないお年寄りのリハビリ外食にはうってつけ。

満寿多

（ますだ）おでん

台東区根岸 4-1-18
03-3872-6163
日祝休　夜のみ営業

獲らぬ狸の肩透かし

根岸の裏町に風情あふれるこの店を発見したときは、胸の中で小躍りした。煮えているおでん鍋の前に腰を下ろしながら、「J. C.！ お前って、タダモノじゃないよな！」――こうつぶやくもう一人の自分。こんな調子で悦に入り、自画自賛するバカがいた。その10分後の肩透かし。肝腎のおでんがどうにもこうにも、なのだ。おでんさえ真っ当ならば、間違いなく二百選入り。鰹節と化調が喧嘩する出汁がもっとも嫌いなタイプ。冷奴と焼きたら子が旨いから、たまには伺うが、J. C.は正真正銘のタダモノだった。

松下

（まつした）活魚料理

文京区本駒込 1-1-30
03-3813-1520
無休

本郷の仇を白山で討つ

フラリと入ったのは去年の初夏。本郷菊坂下の和食店でヒドい目に会ったあと、口直しの佳店を求めて歩いていたら、白山上まで来てしまった。前菜の青梅甘煮・蒸しあわび・いさき子煮付けが早くも秀作揃い。本わさを添えた小肌・こち・いさきも良質。解凍だろうが天然うなぎの蒲焼き、脂ほどほどの松坂牛ロース網焼き、どちらも高水準。昼のぜいたく丼（あわび・海胆・いくら）と海鮮丼（まぐろ・白身）が各1575円で大人気。昼に一食、夜には一献、気軽に使える1軒だ。

兵六

（ひょうろく）居酒屋

千代田区神田神保町 1-3
電話ナシ
土日祝休　夜のみ営業

店主のリードに従うお客

終戦直後の開業で、当代の若き店主が三代目。夜な夜な店の中央に鎮座して、マエストロの如く、常連客をたくみにあやつる。キリンラガー大瓶1本、さつま無双の麦焼酎1杯、ひじきと納豆の突き出し、新生姜と玉ねぎのサラダ、青唐辛子豆腐で2300円だった。焼酎は他店の倍の量。人気のつまみは餃子と炒豆腐。独りで訪れてもよほどの悪相の持ち主でない限り、常連が話し掛けてくれて退屈しない。本来二百選入りしてもおかしくないが、食事のための店ではないので「こんなときには」の仲間入り。

キッチン南海本店

（きっちんなんかいほんてん）洋食

千代田区神田神保町 1-5
03-3292-0036
日祝休

腹を空かせて並ぶ店

昭和41年創業。都内各地に暖簾分けが20店舗あまり。誰もが1度は「キッチン南海」の看板を目にしているだろう。神田すずらん通りのこの店が本家本元とされている。味はさておき、値段とボリュームで行列のできる人気店だ。クリームコロッケ&生姜焼き定食（700円）のコロッケはコロモがサクサク。生姜焼きは玉ねぎいっぱいの炒め煮風でこれは作り置き。浅草の「ぱいち」のそれに似ている。ライスがかなり柔らかく、これなら大盛りでも消化は早い。腹ペコの学生が喜ぶご馳走がズラリと並んでいる。

ヴェジタリアンPART Ⅱ

（べじたりあんぱーとつー）洋食

千代田区神田神保町 2-24
03-3221-0659
日祝休

2－Ⅰ＝Ⅱ

意味不明の店名である。品書きにはサラダ類も豊富だが、舌平目のムニエル・ポークソテー・ビーフシチューなどの、魚系・肉系のほうがむしろ多い。ことの次第はこうだ。以前は白山通りの向かい側に、野菜メニューが中心の「PARTⅠ」があったのだが、数年前に閉店したので「PARTⅠ」がが取り残されたのである。シェフに訊ねると、「PARTⅡ」だけ創業40年ほどになるそうだ。朝の4時までの営業は夜行性動物向き。ナポリタン・オムライス・蟹ピラフなど食事モノが多彩でピッツァ・マルゲリータまでカバーしている。

巴蜀

（はしょく）中国料理

千代田区岩本町 3-8-15
03-3863-0199
日祝休

白飯＆炒飯が食べ放題

ランチタイムは大混雑。麻婆豆腐を中心にガッツリ食べたい近隣の会社員が集結する。お替わりは自分でよそうのだが、白飯も炒飯も実質食べ放題。Ｂランチ定食（８５０円）は蝦仁炒蛋（小海老玉子炒め）、鶏胸肉と胡瓜の豆板醤和え、蛋花湯、白飯＆炒飯の内容。これにミニ白切鶏とミニ麻婆豆腐（各１５０円）を追加して完璧だ。花椒の利いた麻婆豆腐は味付けに踏み込みがたりない。夜の名物料理が樟茶鶏（１１００円）。茶葉・八角・ザラメで作る自家製鶏もも肉の燻製はビールにも紹興酒にもピッタリ。

全家福

（ぜんかふく）中国料理

千代田区飯田橋 2-1-6
03-3556-1288
無休　日祝は夜のみ営業

都内各地に同名店

縁起のいい店名につき、新宿区百人町や北区滝野川、はては京都の下京区にも同名店があるが、すべて無関係。共通するのは上海料理店であること。市ヶ谷の中国飯店で腕をふるっていたシェフが独立開業した。その頃の縁か、長嶋茂雄・高倉健・宮崎駿、そうそうたるメンバーの色紙が店内を飾っている。ほとんどのコース料理に、黒酢の酢豚と上海焼きそばが組み込まれているので、この2品が自慢の料理なのだろう。本格的中華をサクッと食べられて麺類も豊富ながら個性に欠けるきらいも。無休なので週末のランチに重宝する。

鶯泉楼

（おうせんろう）中国料理

台東区根岸 3-1-10
03-3872-8800
無休

ラッシュを外して五目そば

街場の中華料理店のイメージとは違って、どこか会館風。和洋の個室や宴会場も完備している大型店は接客も丁寧だ。根岸の里は和食系に事欠かないものの、中華と洋モノの優良店は少ない。そんな中で年中無休、休憩なしの通し営業は使い勝手がいい。かなり強気の料金設定だけが気になるところで、回鍋肉（２１００円）・乾焼蝦仁・青椒牛肉糸（各２５２０円）といった塩梅。昼食を食べ損ねたオフタイムに五目そば（８４０円）をすすったりするのがこの店の賢い利用法だろう。味は水準をクリアしている。

ラタン

西洋料理

千代田区神田錦町 3-28 学士会館 1F
03-3292-0881
土休

パワーランチにうってつけ

レストランとバーラウンジを兼ね備えた癒しの空間。学士会館の雰囲気にぴったりのアールデコ調の内装。供される料理はフランス料理に近いものでも、会館側は「正統なる西洋料理」を主張するので仰せに従う。一時期厨房を取り仕切ったのは白山の名店「ラ・ベル・ド・ジュール」を閉めた直後のF津シェフ。詳しい事情は存ぜぬが、その彼も去って今はいない。硬直的なメニューを見ると、ディナーには二の足を踏んでも、ハンバーグや的鯛のムニエルはパワーランチに対応可能な水準に達していた。

ルバイヤート

ワインバー

新宿区若宮町 10-7
03-5228-3903
日祝休　夜のみ営業

持込みＯＫのワインバー

創業１２０年にならんとする山梨県勝沼町の丸藤ワイナリーの直営店。世界中のワインが揃うワインバーは料理も豊富でワインレストランと呼ぶにふさわしい。イタリアンに軸足を置いた料理にはフレンチの香りも漂う。ワイン持込み可で、少々複雑なシステムながら、料理の頼み方次第では持込み無料になったりもする。地鶏と豚足ときんぴらごぼうのバロティーヌ、舌平目とアフォミガートのブリック包み揚げなど、斬新なメニューも散見されるが、全体に甘い味付けが幅を利かせて、舌を飽きさせるのが残念。

ラ・カスターニャ

イタリア料理

千代田区神田神保町 1-30
03-5282-7344
土日祝休

うらめしやバローロ

以前新潟ラーメンの「おもだかや」があった場所に数年前にオープン。威圧感のある木製ドアを意を決して開くと、若夫婦が営むアットホームな空間が現れる。独りでも利用できるほどの気軽さだ。遠野産やまめのグリルと春のスパゲッティを注文。生麺使用のスパゲッティには、あさり・しらす・竹の子・春キャベツが入ってボリューム満点。いつ抜栓したのか判らぬが、たまたま残っていたエリオ・グラッソのバローロ'02年をグラスで頼んでニッコリ。支払い時、１杯４０００円のチャージに今度はガックリ。

こむぎこ

パスタ

文京区白山 5-35-7
03-3814-1873
月休（祝日は営業）

納豆にギヴアップ

にっぽんのスパゲッティ専門店は連日の大賑わい。近所によりイタリア的な姉妹店「イル・ブルーノ」も開いた。

注文のボロネーゼ（850円）はケチャップが主張する昔の喫茶店風でそこそこ。カウンターの隣りのオジさんの納豆スパの悪臭に往生する。定食屋ならば我慢もしよう。まさかイタリア食材を扱う店でこの匂いを嗅がされるとは！　心の準備ならぬ、お鼻の準備が間に合わない。イタリア人なら逃げ出しそうなメニューが目白押しだが、いか&たら子などファンも多そう。接客の娘たちの笑顔がさわやかに愛らしい。

カナル・カフェ

イタリア料理

新宿区神楽坂 1-9
03-3260-8068
月休

お食事代は入場料

頼みもしない領収証に、有限会社・東京水上倶楽部とあり、外濠でボート場を経営する会社の運営だった。どうりで料理の水準が低いわけだ。夏に涼を求めるのならいざ知らず、夜に出掛けても暗くて何も見えないから意味がなく、訪れるなら桜のシーズンがベスト。グリーンカレーライス（1200円）、スパゲッティーニ・アラビアータ（1300円）。ピッツァ・マルゲリータ（1900円）のランチはすべてドリンク&サラダバー付き。料金は飲食ではなく、水辺のテラスの入場料と割り切れば腹も立たず。

ラ・カンパーナ

スペイン料理

文京区小石川 5-10-18
03-5840-7721
無休

魚介類が鬼門

都内屈指の桜並木を擁する播磨坂に数軒点在する小ジャレたレストランの中で居心地は最高。タパスで一杯やるには絶好のスポットだ。桜の季節に窓辺のテーブルを確保して初訪問。スタッフが実に国際色豊かで、アジア系もアフリカ系も勢揃い。赤ワインはラモン・ビルバオ・グラン・レゼルバ'95年（9000円）。ほどほどに枯れて喉越しがなめらか。この店の弱点は魚介類の生臭さ。いわしも穴子も匂ってアウト。料理人たるもの、素材の吟味・下処理・調理、そのすべてに配慮が必要不可欠。そう肝に銘じてほしい。

マリスケリア・エル・プルポ

スペイン料理

新宿区神楽坂 4-3
03-3269-6088
日祝休　夜のみ営業

たこ専門のスペインバル

２００７年6月中旬にオープンしたばかり。マリスケリアというのは魚介処といったような意味合い。エル・プルポはたこの八ちゃんだ。店名通りにたこメニューが豊富。たこポテトサラダ（７００円）、あぶりだこガリシア風（８００円）、佐島たこフリット（７００円）というのもあったから、たこの名産地・佐島産を使っているようだ。西の明石に東の佐島、これだけでも信頼感指数が跳ね上がる。神楽坂に生まれた最初のスペインバルは、本多横丁という好立地にも恵まれてそれ相応の人気を集めるだろう。

ろしあ亭

（ろしあてい）ロシア料理

千代田区神田神保町 1-13
03-5280-3753
日祝休

世界最深の湖のヌシ

ロシア産のビール・バルティカ、グルジア産のワイン・ムクザニ、加えてウォッカにズブロッカ、リカーメニューに不足はない。この店には珍魚を味わうために出掛けたい。シベリア最大にして世界最深の湖・バイカル湖に棲むオームリが目当てだ。このサケ科の淡水魚を供する店をほかに知らない。ザクースカ盛合わせにはオームリの塩漬けマリネが組込まれているし、ウハーという魚スープにも使われている。ドーンとソテーで満喫という手もあるが、これはちと大味。ハナシの種にも1度だけお試しを。

ザクロ

イラン・トルコ料理

荒川区西日暮里 3-14-13 日暮里小西ビル B1
03-5685-5313
無休

大変身のベリーダンサー

谷中の夕焼けだんだんのそば。ビルの地下の異様な雰囲気のダイニング・スポットだ。店名はイランの国民的フルーツ・ざくろにちなんだ。建物の2階には姉妹店のイラン&ウズベク料理店「ザムザム」もある。靴を脱いで上がり、カーペットの上にペタリと座る。料理はケバブとシチューが中心で、これをバスマティライスと一緒に食べる。ウェイトレスがいきなりベリーダンサーに変身して踊り出すのには度肝を抜かれるが、男性客には艶かしくもうれしい誤算。望めばシーシャ（水たばこ）のサービスあり。

ライスカレーまんてん

カレー

千代田区神田神保町 1-54
03-3291-3274
日祝休

悲劇を伝えるウインナー

ボリュームだけがウリの店では断じてない。並カレー（400円）はスパイスの香りが立ち、化調を感じさせつつも適度に辛口。挽き肉以外の具は見えず、ときたまルウのダマに当たったりしながら、固めのライスともども平らげた。後日、大食漢の後輩を引き連れてジャンボカレー全乗せ（950円）の完食を命ずる。てんこ盛りのライスが硫黄島の摺鉢山のようだ。豚カツ・コロッケ・シューマイが黄土色のルウをかぶって累々と横たわり、赤いウインナーは悲劇を伝える血染めの日章旗さながらであった。

一寸亭

（ちょっとてい）ラーメン

台東区谷中 3-11-7
03-3823-7990
火休

何を置いてももやしそば

もやしそば（700円）が食べたくなったら、迷わずここ。うまにライスが旨そうでも、それは再訪時に。もやしのほかに豚バラ肉の小間切れが散見され、下に隠れた中太ちぢれ麺はいかにももやしそば向き。化調は感じても醤油スープが悪くない。ただしラーメンにはこの麺が合わない。スープももやしそばのとき以上に化調まみれだ。餃子（480円）はたっぷりのニラがうれしいが、フニャッとした食感と油切れの悪さが弱点。小上がりが主体だから相席に向かず、混雑時に相当数の客を逃してしまっている。

ナカヤ

ラーメン

台東区根岸 5-13-18
03-3873-6066
無休

平打ちちぢれの塩らーめん

滅多に訪れない三ノ輪で偶然に見つけて飛び込み、そのときの塩らーめん（530円）がヒットした。平打ち薄黄色の麺は強烈にちぢれた多加水麺。歯ざわりよりも舌ざわりが命のツルツル感が快適だ。以来、通ってしまい、醤油らーめん・ねぎらーめんと試したものの、やはり初回の塩が忘れられない。一番人気の半ちゃんらーめん（690円）は炒飯に魅力なく期待外れ。それなら木曜限定のカツサンド&らーめんセット（740円）でミスマッチの妙を楽しむのが得策だ。塩らーめんファン必訪の異色店。

TETSU

（てつ）ラーメン

文京区千駄木 4-1-14
03-3827-6272
月休　第2火曜休

焼け石にスープ

カウンター9席のみの行列必至店。11時半の開店に11時前から客が並び始める。各200gのつけめん・あつもり（700円）のどちらかの注文が目立つが、中にはつけあつに挑む豪の者も。これだと100円増しで、つけめん&あつもりの両方を食べられる。ついこの間までは昼だけの営業。それを夜にも店を開けるようになって、待ち時間は多少短縮された感がある。浅草の「開化楼」の特製麺に鰹節の利いたつけ汁はからみがいい。食後に熱い焼け石をスープに投入してくれるサービスがユニークにして親切。

レインボー・キッチン

ハンバーガー

文京区千駄木 2-28-7
03-3822-5767
月休

バーガー以外は無視すべし

団子坂を上り始めてすぐ左側。うっかりすると「虹台所」の看板を見落とすほどに目立たない。

ジャズの流れるファンキーな空間の居心地がよく、週末のブランチ向き。バーガーのパティはやや小ぶりだが厚みがあってちょうどよいサイズ。噛みしめれば肉汁もあふれる。豚の尻尾のようにクルクルと螺旋状のフライドポテトがユニークな名脇役。チリビーンズは昔の喫茶店の甘くてゆるいミートソースに豆を加えた感じでまったく辛くない。フライドチキンはこの店のワースト。無視するに越したことはない。

ラーメン・餃子

和食

洋食

うなぎ・ふぐ

とんかつ

鍋・鳥料理

牛肉料理・馬肉料理

カレー

索引
（料理ジャンル別）

◎名店二百選
○二百選にあと一歩の優良店
●二百選にもれた有名店
▲こんなときにはこの一軒

すし

そば・うどん

天ぷら

2007年11月5日　第1刷発行

J.C. オカザワの

古《ふる》き良《よ》き東京《とうきよう》を食《た》べる

今も息づく名店二百選

著　者　J.C. オカザワ
発行者　株式会社　晶 文 社
〒101-0021　東京都千代田区外神田 2-1-12
電話（03）3255-4501（営業）
URL　http://www.shobunsha.co.jp

編集：アイランズセカンド
DTP& 本文・口絵デザイン：木下　弥・アイランズセカンド
扉イラスト：花岡道子
口絵写真撮影：天方晴子
装丁：藤田知子
印刷：ダイトー　　製本：三高堂製本

Printed in Japan
ISBN 978-4-7949-7630-7　C0076